管理效率,一个在概念上容易被人忽视,但实际上却是至关重要的元素。这个时代,我们需要简单、极致,但仍然高效的管理系统。先不妨将人人都在谈的"思维"放一放,思考如何将这些思维变成落地的一步步行动。

吴晓波

著名财经作家、"蓝狮子"财经图书出版人

掌控云销

手机管理新模式

陈震 张治 ◎著

图书在版编目（CIP）数据

掌控云销：手机管理新模式 / 陈震，张治著. —北京：北京大学出版社，2015.5

ISBN 978-7-301-23553-9

Ⅰ. ①掌… Ⅱ. ①陈… ②张… Ⅲ. ①网上销售-销售管理 Ⅳ. ①F713.36

中国版本图书馆CIP数据核字（2015）第040212号

书　　名	掌控云销：手机管理新模式
著作责任者	陈　震　张　治　著
责任编辑	刘　维　代　卉
标准书号	ISBN 978-7-301-23553-9
出版发行	北京大学出版社
地　　址	北京市海淀区成府路205号　100871
网　　址	http://www.pup.cn　新浪微博：@北京大学出版社
电子信箱	yangsxiu@163.com
电　　话	邮购部62752015　发行部62750672　编辑部62764976
印　刷　者	三河市华成印务有限公司
经　销　者	新华书店
	710毫米×1000毫米　16开本　14印张　162千字
	2015年5月第1版　2015年5月第1次印刷
定　　价	45.00元

未经许可，不得以任何方式复制或抄袭本书之部分或全部内容。
版权所有，侵权必究
举报电话：010-62752024　电子信箱：fd@pup.pku.edu.cn
图书如有印装质量问题，请与出版社联系，电话：010-62756370

序言

互联网时代呼唤简单而极致的管理系统

在互联网电商横行的今天，传统行业的企业家看到电商企业一夜之间似乎都赚得盆满钵满，而他们企业的利润每况愈下，于是他们到处上课求医，寻求转型——传统行业的企业家们慌了！

在互联网思维激荡的今天，传统企业周围到处都是O2O（线上到线下），到处都是微营销，传统行业的企业家感到营销模式落后于时代了，于是他们从线下转到线上寻求升级——传统行业的企业家们急了！

传统行业在过去十多年经济高速增长的环境下，更多考虑的是趋势和模式，讲求的是顺势而为，而在新常态的今天，GDP（国内生产总值）增速放缓，所谓的"势"正在走下坡路，传统行业的企业家们因为恐惧而惊慌、因为恐惧而焦虑。

传统行业正在遭遇经济周期的低谷，但绝不会因此而停滞不前，更不会消亡。任何一个时代的进化都离不开最根本的规律，即生产力与生产关系的匹配。每个企业都有自己独到的成长基因，每个企业也都有自己的核心竞争力。面对时代的挑战，不要因为惊慌而乱了阵脚，更不能因为焦虑而盲目决策。

这些年来，企业家一路狂奔下来，是时候停下来思考了：如何以守为攻，运用互联网的手段快速提升企业内在的核心竞争力。

本书正是在这样的背景下——在千万传统企业焦虑而不知该怎么办的急迫心情下，在全国大量企业生存现状的调研下，在和标杆企业的实践探索下，经过三年时间整理成册，以求帮助企业家回归经营和管理的本质，向管理要效益，夯实企业的核心竞争力。

在走访调研了几十家大中型企业后，我们惊叹地发现很多企业没有基础的管理模型，现行的管理建立在日常的工作习惯上，怎么顺手怎么来，基本的业务流程都不符合管理的科学性。如营销决策多数是"凭经验，拍脑袋"，销售管理也是"重业绩，轻管理"。另外，企业还在运用原始的手段进行管理操作，粗放管理、粗放路数。这导致企业信息传输系统严重滞后，决策无效率、执行无力度。

著名的管理大师彼得·德鲁克说过："管理不在于知，而在于行。"30%的战略不如70%的执行。管理是动态的过程，最核心的价值就是为了达到企业战略目标而不断付诸行动、解决问题！在互联网时代的今天，企业家呼唤简单而极致的管理系统。

传统的商业形态正不断地受到互联网的冲击，消费者的话语权越来越强，大众的审美观在追求简单化，如直白的互联网沟通平台、直来直去省略中间环节的购物模式等，这都说明简单极致成了互联网时代重要的商业逻辑。

大道至简，越简单的东西越容易传播，越简单的管理模式越容易出效果。

"简单极致"体现在管理系统上就是三点：看起来简洁、用起来简化、说起来简单。看起来简洁，就是一目了然，拿来即用；用起来简化，就是一键就能直达需要的功能；说起来简单，就是用简单的语言来描述进而传播和推行。

本书从管理的失控、管理的掌控、管理的实操落地工具等角度，为读者提供了一些思路、方法及工具，希望借助移动互联网的技术手段、有效易行的管理模型，帮助企业打造驱动企业内在竞争力的引擎。

当然，本书在内容方面还存在一些不足和局限，欢迎读者朋友们多提宝贵的意见和建议，正如我们提出的"营销CPU核动力系统"理念一样，需要不断升级换代，需要在实践中保持创新和改善，我们只是想在这转型的时代里为中国企业做点事、尽份力，以期来满足更多企业朋友的需求。

陈震　张治

2015年1月

目录

1 ⊙ 失控：后危机时代，最危险的管理状态

在改革开放后的三十多年里，各行业呈现井喷式发展，节节攀升的增长数据麻痹了企业的神经系统，"重销售，轻管理"成为企业通病，无意识的管理状态是最危险的。后危机时代，企业尽管不会一下子破产，但是固有危机并没有消除，很多危机暗流汹涌，企业慢慢进入失控状态。比如团队失控——组织失明状态，绩效失控——管理失衡状态，利润失控——结果失调状态……

团队失控

员工在干吗？不知是否真实在岗 3
基层员工看不到公平晋升的希望 5
企业文化成了只贴在墙上的标语 7
团队成员缺乏敬畏之心 9

绩效失控

重考核，轻管理：没停过，没效果　13
重计划，轻分析：拍脑袋，做决策　15
重电脑，轻大脑：过度依赖数据　17
重结果，轻过程：不知发生了什么　19
重制定，轻改进：太迷信一劳永逸　20

过程失控

整天云端上飘，远离现场，不接地气　22
一旦有人离职，客户信息随身带走　24
企业一直扩张，管理能力却跟不上　26
对大客户深挖掘还远远不够　27
危机意识不够或者危机处理不当　29

风险失控

应收账款是"情人"　32
库存是"吸血鬼"　34
不赢利的业务是"肿瘤"　35
企业倒闭的罪魁祸首：资金断链　36
隐性成本过多，造成各种浪费　37

利润失控

敲响警钟：利润正在离我们远去　40
提升销售与降低成本的两难选择　41
片面强调业绩，忽视利润　42
一切没有效益的管理都是成本　44
庸才往往会成为企业的负资产　46

健康失控

把自己累倒累趴——做领袖的孤独 48

不甘心、不服输，只能选择透支自己 50

在中国，企业家是弱势群体 51

不敢授权、不会授权，只能自己干到死 53

2 ⊙ 颠覆：未来扑面而来，你准备好了吗

这是一个改变的世界，人类变化、社会进步、新技术信息每两年增加一倍，意味着一年前学习到的知识，到第三年就会有一半过时。《纽约时报》一周的内容相当于18世纪的人一生的资讯量。智能手机、移动互联网、物联网、群体思维的变化、云时代的新营销、免费经济、跨界思维……一切都变了，未来扑面而来，你准备好了吗？

新技术革命的崛起

移动互联网才是真正的互联网 59

自媒体时代的企业营销 62

大数据重构我们的生活 63

"云"的时代来了 66

员工群体思维的变化

价值观冲突：90后想的和你不一样 69

倒马斯洛需求：如何激励新生代员工 71

加班、开会：关键是追求工作有效性 74

破则立，变则通

谁跟不上时代步伐，谁就是下一个柯达　79
今天你对我爱理不理，明天我让你高攀不起　81
云时代是各个领域营销创新的契机　84

做久比做大更重要

企业首先要活下去，先做精再做大　91
没有传统的企业，只有传统的思想　94
采用不对称竞争战略，以小搏大　97

5年前的核心竞争力？该优化了

免费经济兴起，你还靠那美滋滋地活着吗　102
关系营销还能走多远　107
诚信是互联网时代的核心竞争力　111

世界巨变，管理也要变

跨界打劫盛宴开始了，快醒醒　114
除了老婆、孩子，一切都要变　117
未来能持续发展的企业就两类：拥有系统的和花钱买系统的　119

3 ⊙ 掌控：营销CPU核动力，驱动业绩增长

中国的企业界不是缺少营销的理论支持，而是营销理论太多、太杂、太乱。本来很简单的营销，被我们人为地复杂化了，于是反而导致很多企业无所适从。中国改革开放三十多年的时间，走过了西方发达国家一百多年的发展历程，在学习西方的过程中，我们随意"下载"国外的营销理论，企业家的脑袋成了营销理论的"回收站"，市场成了随意"点击"的试验田，产品和服务本来有足够大的"硬盘"空间，但是由于营销系统配置与"CPU"不匹配，导致企业在新时代、新形势的竞争中败下阵来……

增强系统的力量——升级企业信息系统

现阶段传统企业信息化应用的问题　132
大数据对传统企业的价值　135
信息系统的有效性大于全面性　136

营销CPU核动力系统

营销决策：基于客户生命周期管理　142
客户价值的挖掘　147
如何实现数据采集的有效和精准　153
产品竞争力分析：波士顿矩阵　155
渠道终端渗透：戴明环过程管理　164

相信系统，但不盲目迷信

没有一种管理方法是万能的　191
产品与服务永远是最根本的　194
风险管理系统为你保驾护航　199
道、法、术、器、势，一个都少不了　203

1

失控：后危机时代，最危险的管理状态

在改革开放后的三十多年里，各行业呈现井喷式发展，节节攀升的增长数据麻痹了企业的神经系统，"重销售，轻管理"成为企业通病，无意识的管理状态是最危险的。后危机时代，企业尽管不会一下子破产，但是固有危机并没有消除，很多危机暗流汹涌，企业慢慢进入失控状态。比如团队失控——组织失明状态，绩效失控——管理失衡状态，利润失控——结果失调状态……

团队失控

员工在干吗？不知是否真实在岗

在给企业做咨询的过程中，经常有不少老板向我抱怨："我花了那么多钱雇用员工，却不知道他们在干什么！他们出差在外，我只能在电话里一遍遍地追问他们人在哪里。"

事实上，员工到底在不在岗，用多少精力和时间工作，老板完全无法掌握。若是遇上在其他公司玩"兼职"的业务员，即在你这里只拿底薪不干活，却为其他公司跑业务的人，就更气人了。

我们不妨做这样一个假设：你的企业里有100个一线业务员，其中可能只有20个是"老实员工"，他们从上班开始，一口气干到下班；只有60个是"正常员工"，他们只是上午工作个半天，下午就在餐馆或咖啡厅里打发时间，做一些假的数据报表，佯装完成了全天的工作任务；剩下的20个属于"聪明员工"，他们可能在一个小时内就能结束全天的销售任务，甚至只需要打几个电话就算是拜访过大客户了。

不要惊讶，如今很多企业的业务员的工作状态就是如此，而且业务员、主管们对此心照不宣，唯独老板不知道或者干脆假装不知道而已。如果企业的管理跟不上，"聪明员工"无聊之余还会呼朋唤友，于是"聪明员工"的比例会逐渐增加，这种风气一旦蔓延，后果将不堪设想。俗语说："千里之堤，溃于蚁穴。"放眼望去，多少企业的一线销售工作都是轰轰烈烈地开始，却垂头丧气地结束，其实最终都是毁在了团队管理失控，业务员集体填假报表、集体"躲猫猫"的现状里。

比起这些天天在公司里磨洋工的业务员，那些出差拜访客户的区域业务员更难以管理，因为你更无法掌握他们的行踪。上海有家百年老品牌企业，销售制度中规定每月的10号，业务员必须要安排出差。有一个偷懒的"老油条"管辖的区域是河南郑州，他在10号去火车站买好上海至郑州的火车票后并未真正出差，而是回家打牌，几天以后，再回去上班，拿着事先准备好的餐饮票据、交通票据等去报销，造成自己去过郑州的假象。

对于这样的业务员，企业简直是防不胜防。很多企业在管理一线业务员时，都采用工作计划与工作日报相结合的方式，先让他们填写下一周的拜访工作计划，然后每天再填写工作日报。然而，这样要求与实际工作成效并不能结合，计划总没变化快，最终还是形式大于内容。

而对于驻外办事处主任、分公司经理这样的管理层，上述方法更不适合。因为他们是"封疆大吏"，无人监管，你不可能要求他们天天向总公司汇报行踪。但这也不意味着对他们就放任自流，总公司可以要求他们管理透明化，即每天填写前一天的工作行程日报贴在办公室大厅，供员工共同监督。当上级领导（比如大区经理）来视察时，随时可以从墙上扯下他们前一天的行程日报，寻迹复查。

当然，重点不在于报表的形式，而是要提高员工工作的有效性，把衡量员工工作有效性的标准定性或定量下来，让他们的工作留下痕迹，主管才可寻迹查核。在这种原则的影响下，企业界、销售界出现了一些"线路手册""手机定位""业务员工作日记""业务员每日绩效日报""终端拜访点读机"（随时显示业务员位置，同时业务员可以随时上传终端库存和销售数据的设备），甚至有的企业让业务员每天在驻地的客户处用手机打电话到公司上报行踪，或者要求业务员使用智能手机随时把身边环境拍照传回总部以示清白……

如今，不少的企业都开发了很多检核报表、流程的技巧和辅助工具，比如检核前的数据分析，锁定检核目标人员和目标地点，企业内部检核的技巧、流程和重点内容菜单，各种检核记录工具和跟踪报表，等等。但是，要想遥控不失控，必须遥控变现控，从"遥控管理"到"现场管理"。

基层员工看不到公平晋升的希望

马云曾说过一段流传很广的话："员工离职的原因很多，只有两点最真实——一是钱没给到位，二是心委屈了。"这些归根到底就一条：干得不爽。员工临走还费尽心思找靠谱的理由，就是为了给你留面子，不想说穿你的管理有多烂、他对你已失望透顶。作为管理者，一定要勇于反省。

确实如此，当员工与企业签订了劳动合同后，双方都怀着对对方的期望。这种期望是否能实现，很大程度上决定着老板和员工之间的关系是否和谐，是否继续能够维系下去。

这是我在某企业做咨询时，在休息时间与某位员工的对话。

"小王，你工作几年了？来公司多长时间了？"

"我毕业快三年了，来公司大约两年了。"

"你大学学的是什么专业？"

"市场营销。"

"哦，那不错啊，和你现在从事的工作很吻合，趁着年轻好好干几年，应该会发展得很好的！"

"希望吧。"

"你觉得咱们公司的市场做得怎样？这两年来你自己有哪些进步和成长？"

"市场做得一般，每个月都完不成任务。感觉问题太多了，也无处下手，累不说，还挣不了多少钱。唉！这两年来我没学到什么东西，就是每天来上班、见客户、跑市场。"

"你的工资够花吗？"

"那肯定不够啊，有时候还得靠父母救济呢！"

"那你接下来有什么打算吗？"

"边做边看吧，不知道今年公司有什么规划。其实心里早有点不想干了，别的公司收入比这里稍微高点，不瞒您说，我在考虑是不是要换家公司。"

销售是一个需要不断满足成就感的工作，当一个员工连续数月完不成销售任务时，其实他就已经失去了应有的斗志，销售任务对于他来说，已无实际意义。如果长时间业绩不佳，员工就会成为"混日子"的角色。这样的话，就不要再期望员工对企业忠诚，不要再期望员工努力工作。

说一千道一万，其实员工离职的原因不外乎这么几条：没有事业发展的机会、缺少进修的途径、与上司的关系恶劣、薪资福利不好、工作性质不理想、团队氛围不适应等。

什么是好企业？好企业就是基层员工能看到自己公平晋升的希望，而且凭自身努力和公司的帮助，能够达到晋升的目标。只要这种公平是摆到台面上的，这种晋升是逐步进行的，怎么还会有员工因为看不到希望而离职呢？

企业文化成了只贴在墙上的标语

一般人们认为，企业文化是政治思想工作的代名词。其实，企业文化是企业的灵魂，是指导企业的战略思维及形成企业凝聚力的黏合剂。如果通过制度的安排让它体现到企业行为中去，它应该是最终可以让员工受益的制度安排。这种制度安排就是要将核心理念通过战略、人力资源、营销等管理制度促进企业战略推进，并在公司绩效和薪酬福利制度等方面将企业和员工的利益体现出来。

如果我们把企业文化比喻为企业的灵魂，那么企业文化的培训就是净化灵魂的过程，而在企业里面持之以恒地贯彻落实企业文化培训，并将企业文化培训工作体系化、流程化、制度化，则是企业文化建设的最高境界——企业信仰。可见，企业文化是非常重要而且很有必要的。

然而，由于企业文化理论与实践的形成的时间还不长，再加上我国在引入企业文化时形成了一些误区，使得企业文化在一些地方成了贴在墙上的宣传标语，或者只是具化为丰富员工生活的文体活动等，造成很多人对于企业文化的认识停留在形式主义的概念上。于是，企业文化成了一种非常尴尬的东西——说起来很重要，做起来可要可不要，忙起来就没必要。

如今，有越来越多的老板认识到企业越大越需要企业文化，他们花了大量的人力、物力，提炼出一整套的企业文化，挂在墙上最显眼的位置，写在手册里人手一份，在大会小会上宣讲，对员工进行大量的培训，结果却是"雷声大，雨点小"，大多没什么实际效果。其实，无数的管理案例带来的经验显示：文化在企业里推行不开、落不了地，与企业的老板有着直接的因果关系。其原因是，大部分老板不清楚自己就是企业文化的旗手，老板自身的文化就是企业文化的代表，它代表了企业面对社会、面对客户、面对员工、面对股东的价值理念，也代表着自身的经营价值理念。

老板的一言一行和做事风格对企业的发展有着至关重要的影响。老板思想超前，又能说到做到，这个企业就具有了先进的企业文化；相反，老板目光短浅，说一套做一套，毫无疑问，这个企业的文化一定是落后的。如果企老板是雷厉风行、说到做到的人，那么其企业的文化落地就顺理成章；反之，老板如果想推行一套他自认为好的企业文化，而自己的所作所为又是另外一套文化，结果是企业文化与老板自身的文化形成鲜明反差，文化出现"两张皮"，互相割裂甚至互相矛盾，其结果必然就是落不了地。

因此，老板们，千万不要让你的企业文化建设流于形式，仅仅成为"口头文化""墙上文化"甚至"应付文化"。文化上墙并没有错，错就错在墙上文化成了员工视而不见、见而不行的文化，而不是让员工过目不忘、久久为功的文化！

团队成员缺乏敬畏之心

据媒体报道的数据，2013年5月31日到6月16日，不到20天的时间里，全国连续发生7起重大安全生产事故。

这其中既有安全生产专业度很高的企业，也有劳动密集型企业甚至涉及公共安全的企业。安全生产事故虽然无法完全消除，但是以如此高的频率出现，还是在让人难以接受。那么，是什么打开了安全生产事故的"潘多拉盒子"？

抛开技术层面的不说，导致安全生产事故频发的主要原因是缺乏敬畏之心。首先是缺乏对生命的敬畏。尽管很多企业把"安全第一"的标语高悬在显著的地方，但在实际工作中，安全指标常常要让位于成本指标、利润指标、回款指标、效率指标等硬任务。其次是缺乏对规则的敬畏。如果每个企业、每个员工都能按照安全生产条例或规范去操作，那么绝大多数的安全生产事故都能避免。再次是缺乏对职责的敬畏。如今的中国正处在快速的、超常规的工业化进程中，习惯了小规模生产的农民以超出正常数十倍甚至数百倍的速度转变成工人，但他们对现代化大工业生产还缺乏必要的、本质的认识，他们的经验和习惯让他们无法知晓和想象安全事故可能带来的巨大灾难。在这样的大环境下，企业的员工是非常盲目的。

不只是安全生产领域，如今不少企业里的员工，敬畏之心都在逐渐缺失。这主要表现在：

1. 不敬畏优秀

按理说，人有见贤思齐之心，也有见贤畏惧之意。然而，有的员工在年中或年底的表彰会上看到第一名在台上接受领导的嘉奖和众人的掌声，看到第一名在不断地成长进步，却从来不想为什么第一名是别人，而自己一直排在倒数几名。没有这种进步的想法，就不会采取行动改进，更不要说持之以恒地努力。缺乏这种成长的动力，他对企业就不可能有忠诚之心，更不要说敬畏之心了。

2. 不敬畏产品

基层员工处在工作的第一线，能够了解到很多连老板都难以掌握的事情，可以在第一时间跟别人分享。例如，销售人员在向客户推销产品之前，自己首先要相信这个产品的质量和价值，否则自己都不相信怎么可能打动别人？有些员工职业精神不够，对产品不好好分析，也不热爱，甚至自己都是排斥产品的，那么面对客户时就会体现出假、空、虚，不能真正地服务到客户。还有的销售人员在业务成交后，竟然背地里嘲笑客户——**真傻**，花这么多钱买这种产品。这些都是不热爱产品的表现。

3. 不敬畏制度

有的企业一出现问题，就用惩罚的办法制约员工，于是员工的积极性就会受到打击，开始机械地工作。其实，如果做到奖罚分明，而且规则由员工共同协商来制定，并且管理层以身作则地遵守，大家就会发自内心地敬畏这个制度，发自内心地按照约定执行，犯错被罚也心悦诚服。

"敬畏"是人类在面对权威、庄严或崇高事物时所产生的情绪，是对一切神圣事物应有的态度。对于员工来说，需要敬畏客户、敬畏市场、敬畏规则、敬畏因果、敬畏生命，守规矩、有原则、有素养、有修为、有行为准绳、有道德底线。

曾经在某本书里看到，中国古代的名厨在每做好一道菜后，都会整理衣服，恭恭敬敬向做好的菜肴鞠个躬。这一躬，一是表达厨师对做好这道菜持有慎重之心，二是表达厨师对自己做好的这道菜有责任、担当之心，三是表达厨师对做好这道菜始终怀有敬畏之心。

管理者们要让员工学习古代厨师"向菜鞠躬"这种对工作充满"敬畏之心"的精神，常怀敬畏之心、戒惧之意，堂堂正正为人，踏踏实实做事。

只有员工心生敬畏，团队才能上下同欲。企业与其盲目强调责任心，不如形成对制度、对规则的敬畏文化。形成这种积极健康的企业文化，员工的素质和执行力才能真正提高。这也意味着，在后危机时代，企业的经营管理者要秉承"尊重制度，制度为上"的管理理念，重视制度化管理和规范化经营，并且自上而下地坚持执行。

当然，团队失控这个问题不单单是调整人员结构，增加激励表彰就能够有效解决的，这是多年形成的习惯和不规范的行为所导致的。企业可以借助经济改革的大好契机，去除口号化的形式主义，从公司规范化、制度化、系统化的角度去完善和弥补不足。

绩效失控

重考核，轻管理：没停过，没效果

提到"绩效"这个词，很多人首先会想到这个词的后面跟着的是"考核"，而不是"管理"，这其实反映了企业在绩效管理中重考核、轻管理的思想。

我接触到这么一个案例：

厦门某企业人力资源部的林经理这段时间以来一直很困惑：为什么绩效考核在公司实施了很多年，还是没有什么效果？就拿上个月的那次绩效考核来说吧，暴露出来的问题就不少。各部门的负责人都抱怨说，到了年底根本没时间去填写那些没用的表格；还有一些员工抱怨目标设置不合理，指标设置不科学，原本不是自己本职范围内的指标都安排给了自己；因为考核的过程不公平，还出现了公司有史以来人数最多的员工投诉现象；高层领导对绩效管理也很不满意，公司年度计划没有完成，而工资总额却早已突破预算……

林经理很郁闷，因为自己在公司绩效考核上付出了很多的精力，比如公司绩效管理的工具，真的是把承包责任制、KPI（关键绩效指标）、360°绩效考核甚至BSC（平衡计分卡）都尝试了个遍。另外，人力资源部还安排员工参加了不少培训，但总感觉差了一点什么，达不到预期的培训目标，更达不到公司高层领导的要求。一开始以为是工具或理念的落后导致效果不佳，如今看来根本不是这么简单。

尽管绩效考核是绩效管理的核心，但考核只是手段而非目的，**绩效考核并不是为了考核而考核，而是为了促进被考核责任主体改进绩效**。绩效管理就是个绩效沟通的过程，其沟通机制除了在绩效考核过程中强化沟通管理之外，还包括绩效管理理念的培训贯彻、上下宣讲，绩效指标制定和绩效指标目标值确定过程的沟通。企业全体成员，考核者与被考核者对绩效管理理念、体系、方法等是否认同，绩效考核指标及其目标值是考核者自己制定，还是与被考核责任主体相互沟通制定，这种沟通机制的建立与否，都将极大地影响绩效管理实践的效用。

事实上，这个世界上没有包治百病的良药，绩效管理也并不是万能的。绩效管理体系是以企业战略为导向建立起来的一套科学的管理体系。因此，在企业的经营与管理过程中，绩效管理体系的实施起着非常重要的作用。只是，现在许多企业没有深刻理解绩效管理的理论和方法，仅仅是把绩效管理放在嘴上，而没有真正把它落实到行动中，才会导致走入绩效管理的误区。

重计划，轻分析：拍脑袋，做决策

制订计划是任何一个企业的必备工作，但是，在很多企业中制订计划却往往流于形式。因为它们在制订计划时，没有固定的参考的指标，有的是出于领导自身的主观判断，有的则好一些，参考了往年的数据。大部分情况下，都是企业管理者拍脑袋做的决策，以过去的经验想当然地制订企业未来的计划。

以企业的铺货计划为例。铺货是企业短期内开拓目标区域市场的一种方法，主要是企业与经销商合作，针对零售商开展说服工作，使其同意经销本企业的产品。然而，有一些企业对铺货缺乏深入的了解和科学的认识，结果不是铺货目标过大，达不到预期效果，就是铺货缺乏有效定位，货铺出去了却销不出去，还有就是企业盲目追求铺货率和铺货量，结果回款却成了棘手的难题。我们看到，不少企业宁愿为开展铺货工作而花费大量的人力、财力和物力，却不愿意花一些钱在铺货之前对目标市场、铺货对象等状况进行必要的了解和分析，于是最终必然导致铺货目标的制定缺乏市场依据，企业也就损失很大。因此在铺货之前，必须进行深入的调查与分析，并制订详细的铺货计划。

广东有一家在当地有名的家具企业在进军北京市场时，事先没有进行市场调查，理所当然地认为自己的产品质量很好，一定会得到市场的认可，于是在铺货时制定出在三个月内进入北京市场的目标，结果发现市场上流行的是欧美风格的家具，而自己企业的中式家具在市场上并不是很受欢迎，经销商们都不愿意铺货。三个月后，这家企业无奈退出北京市场。可见，企业铺货前期缺乏市场调研和预测的必然结果，就是目标市场群体选择的错误导致市场进入的失败。

有一些企业盲目地认为目标越大越好，甚至计划在一个月内将产品铺到全国市场。可是企业自身实力、人员配备和资源状况等根本达不到这个条件。举个例子：某服装企业制定了在两个月内铺开华东市场的目标。可运作中，铺货人员人数太少，只有几个人在市场上疲于奔命。为了完成企业制定的任务，他们全都是走马观花、蜻蜓点水般地把货物铺上就马上转移阵地。虽然两个月后企业勉强完成了铺货任务，但由于铺货工作不扎实，致使整个市场非常不稳定。结果，在其他品牌的围攻下，该企业的市场份额迅速萎缩。这种为了铺货而铺货的做法给企业带来了巨大损失，更失去了企业开辟市场的真正意义。

还有一些企业的铺货计划不具体，只是简单地写着"2015年2—3月，将货物全部铺到广州市场""务必在3个月内将货物铺向全国大部分市场""尽量在2个月内打开西南地区市场"，那么"大部分""尽量"到底如何衡量呢？2个月的时间，那么每天具体该做什么、怎么做？铺货对象是商场、超市？还是经销商、批发商？货物全部铺到市场有什么具体的标准？采用何种方法可以实现？须知，计划是铺货工作的基础，计划的失败会直接导致实际执行时出现纰漏。如果计划完不成，那么后面的产品推广、促销策略等环节更谈不上正常运行了。

甚至有的企业在制订计划时完全不进行调研论证，只是凭着感觉办事，不考虑具体执行时会遇到的各种问题。因此，一旦遇到经销商不愿意配合、竞争对手降价扰乱市场、产品在铺货初期遭到消费者的投诉等问题，就会使得计划无法实施。比如有一家牙膏生产厂家本来计划进军华北市场，可是，由于一家外国品牌的竞争对手已经全面占领了市场，而且为阻止该厂家的进入，竞争对手还故意将产品价格下调了15%，这样一来即使该厂家能够进入该市场也是赚不到钱了。面对竞争对手设置的这些障碍，该厂家只好无奈地放弃。

以上提到的铺货计划只是企业计划中的一种，但无论什么计划，计划的制订都是一件有真实、有效数据支撑的工作，不能拍脑袋，要透过数据看到本质，否则制订出来的计划会阻碍企业发展。

重电脑，轻大脑：过度依赖数据

如前面说不能拍脑袋决策，而是要有数据作为支撑，这个数据必须是真实有效的，但是并不是说就唯数据论。凡事都有两面性，过度依赖数据也不对。

对《财富》1000家公司中近800名营销人员的调研得出：绝大多数的营销人员仍依赖直觉，而少数积极使用大数据的人做得也并不好。他们得出以下结论：

虽然大多数营销人员未充分利用数据，但是有一小部分人每天都关注数据变化，他们完全依赖于数据做大多数决策。他们喜爱数据以及任何形式的反馈，包括来自营销效果、经理或同事的信息，以及同他人频繁交流带来的数据。然而他们缺乏有效使用数据的统计素质或者判断力。每当他们看见一个新的标准，他们就会做出调整——结果他们经常改变方向，以至于丢失了最终的目标。

如今这个时代，我们的生活处处、时时甚至事事都由收集数据的计算机调控着。人脑无法理解的复杂情况，可以借助数据帮我们解读。可是，数据并非万能，有些事情也是数据不擅长的：

数据无法捕捉情感。大脑擅长识别人与人之间的情绪与情感，擅长侦测出行为背后的内心动机行为，擅长用情绪为事物赋予价值。可是，数据做不到这些，它擅长的是测量社会交往的"量"而非"质"。通过数据可以测量出一个人在这个月内与5位同事的社交互动情况，但他们不可能捕捉到你心底对于那些一年才见一次的童年玩伴的感情。在社交活动中，不要愚蠢到放弃充满魔力的大脑，而去相信你办公桌上的那台电脑。

数据不清楚背景故事。人的任何一个决定，都受环境、时间等多种因素影响。经过几百万年来的演化，人的大脑已经擅长分析交织着多重原因和多重背景的故事。但是，数据分析则做不到，它不懂得如何叙事，也不懂得思维的进展过程。就算是一部普普通通的小说，数据分析解释不了其中的创意和思路。

数据被赋予了价值观念。任何的数据从来都不可能是"原始"的，它们基本上都是依照某人的倾向和价值观念而被构建出来的。数据最终分析的结果看起来客观、公正，但其实某人或某些人的价值选择贯穿了从构建到解读的全过程，这样反而是有主观性在里面。

在这里说数据的劣势，并不是要否认数据的伟大。只是，和任何一种工具一样，数据有擅长的，也有不擅长的。企业经营不仅需要"电脑"，更需要有条理、有计划的"大脑"去策划。只有这样，才能充分迎合市场和客户的需求。可以说，企业要想进行商业活动，就需要有一颗聪明的"大脑"来支持和支配，而这个"大脑"就是商业智能。数据不是力量，转化为知识才是，商业智能就可以将企业中搜集到的数据转化为知识，帮助企业经营者做出明智的决策。

这里提醒一下，应用商业智能可以给企业配上一颗聪明的"大脑"，但是企业还需要有很好的"神经中枢和神经末梢"，如此才能将企业各个部位搜集到的数据信息快速、精确地传递给"大脑"。而这些"神经中枢和神经末梢"就是支撑企业的管理基础、营销基础、人力资源基础甚至系统基础，如果企业还不具备这些基础的话，即使花再多的钱，充满商业智能的"大脑"还是不可能支配企业的经营决策。

重结果，轻过程：不知发生了什么

在企业的管理过程中，到底是过程重要还是结果重要？这绝对不是像"先有鸡，还是先有蛋"这样纯粹的逻辑争辩与讨论。有一种观点被大多数人认可：结果至上，过程无所谓。如今国内企业中的很多管理者，似乎也越来越崇尚"请给我结果"的工作方法。他们似乎只关注结果，而不愿意关心过程。他们的嘴里经常冒出这样的话："不要给我说过程，直接告诉我结果就行了！"特别是当下级汇报工作、讲述细节和摆明困难时。从某种层面上看，这样的观点没有错，毕竟企业就是要讲求效益和效率，下级就是要想办法和克服困难完成任务，这是其本职所在。不过，任何真理都是相对的，理论的成立都必须有一定的条件和前提。

一个企业重要的是系统和流程的细节量化，作为一名管理者，追求结果导向的管理风格确实更有效益，可以极大调动员工的工作积极性，但是如果管理者没有充分表达自己的思想和目标要求就给员工下达任务，那么管理者就不一定能拥有理想中的结果。而且，缺少过程把控，管理者很难确保结果就一定都正确。

其实，任何一个具体的结果，都是具体过程带来的。没有正确的过程，怎么可能有好的结果呢？企业的管理必须循序渐进，不能一蹴而就，只有长期的管理过程的积累才会有好的收获。

可见，过程与结果同样需要我们重视。作为一名管理者，不单是简单地追踪所安排事项的结果，还要就贯彻执行在思想上达成一致，更要把好过程管理这个舵不至于偏离方向。一年365天，如何完成目标的300天才是管理中必不可少的关键，而这些都与过程管理有关，也是管理者们容易忽略的问题。

重制定，轻改进：太迷信一劳永逸

不断提高员工和企业的绩效，在竞争日趋激烈的环境中建立持久的竞争优势，这是绩效管理的最根本目标。因此，在绩效管理的过程中，绩效的回应和反馈也是很重要的一环。忽略绩效回应和反馈环节，静止化地对待绩效管理的思维和实践，对企业的发展和壮大有弊无益。

在企业界，一些管理者过分看重绩效考核的作用，他们迷信"考核万能"，对员工奖罚过后就不了了之，使员工好的行为得不到宣传、推广和应用，差的举动得不到批评、指导和帮助。管理者一厢情愿地认为在考核的"魔棒"下，员工一定能做到自觉、自醒、自律和自励。结果是，有的员工这个月犯了这样的错误，下个月依然还犯同样的错误，尽管月月工资奖金被扣罚，存在的问题却迟迟得不到改进和解决，这其中固然有员工个人主观努力不够的问题，但更重要的是管理者疏于帮助、指导，从而丧失了考核的激励和约束作用。

一些管理者在制定和出台绩效考核制度后，就认为高枕无忧、万事大吉，就等着月底、季末或者年终对员工进行考核，从而缺乏对员工日常工作过程的密切关注和有效监督。于是，即使有员工在工作中出现了小小的失误，由于管理者没有及时发现和指出，甚至任其发展，于是逐渐铸成大错，给工作带来了很多不必要的损失。这个时候，不论管理者对员工采取如何严厉的考核措施，都已经于事无补了。更为可怕是，长此下去，挫伤了员工工作的积极性和创造性，滋生了员工对考核的反抗心理。

还有更糟糕的，在一些企业中，有效的绩效反馈不仅得不到重视，反而被有意地忽视或回避。中国人交往讲究面子，大家更愿意当面说好话，不好的反馈批评意见对于管理者和员工来说都是比较尴尬的。

因此，绩效失控意味着有管理缺成效，使绩效管理沦为鸡肋。反复修正次的数过多，整个团队心态就会变坏，最终导致团队失控。

过程失控

整天云端上飘,远离现场,不接地气

中国的企业界,不知从什么时候起,久居办公室的"管理者",彻底地与"现场"绝缘了。在他们的眼中,办公室里的咖啡或红茶,远比生产车间或者销售一线的炙热与重复有趣得多,办公室渐渐被视为管理者的"领地",而"现场"则成为普通员工坚守的前线。

这些管理者为自己这种不在现场的行为辩护说:管理者就是要"靠脑子打仗",动手动腿是员工的事,否则公司的效率怎么提高,规模如何扩大,战略谁来规划,方向谁来制定?

这样的话的确有一定道理,但不全对。管理者当然应该用脑子打仗,这是其作为管理者的前提和责任,但如果丢弃了"现场",或者管理者在内心里坚信自己与"现场"无关,那么管理的使命就无从谈起了。

现场指的是什么?如果只是简单地把"现场"理解为5S(即整理、整

顿、清扫、清洁、素养）管理之类，那就误解了"现场"的真正含义，**全世界所有公司的现场只有两个，一是客户，一是员工。**

远离了客户，企业的创新与变革就成了无本之木，除非你是垄断企业，否则，客户就会毫不留情地抛弃你，因为你对他的变化熟视无睹；远离了员工，企业的成长与持续也一样成了无源之水，员工最先接触客户，员工负责完成产品，员工负责将公司文化落实到行为，如果员工出了问题，那么即使企业规模再大、品牌再响，核心竞争力也会受到挑战。

有一句话说得很好："现场三尺有神灵。"这个"神灵"，就是指客户时刻变化的需求，就是指员工持续成长的源泉，如果管理者远离了"现场"，那就意味着他正在远离客户，远离员工。

某著名电商网站高级副总裁认为："企业讲精细化，首先要最高层的人讲究精细化，高层不接地气是不行的。具体要求，就是让高级总监平均每天最少在现场给我待一个小时！我们要求企业里的高级管理人员都去客服中心接听电话，这是为了接地气，看逻辑流程设计存在着什么问题。不要把这些问题全部交给员工，或者刚刚毕业的大学生。这是最体现管理水平与专业的地方。"

管理者们，**回到"现场"**吧。这种回归，不是简单的重复，也不是把自己作为"另一个员工"，而是**从管理者角度，重新在现场发现问题，解决问题，并挖掘出企业持续增长的核心元素**。如果管理者天天都在"云端上飘"，那么就注定不了解"人间"（客户和员工）的疾苦，也就无法解决一线的真实问题，这才是问题的症结所在。

一旦有人离职，客户信息随身带走

我接触过这么一个案例：胡某辞职了，说是要回家经营汽摩配件。

胡某是某瓷砖生产公司的一位资深员工，在这家公司干了十来年，因为懂英语、人勤快而被提拔为骨干，参加国外展销会，跑外贸业务。2014年年底，胡某辞职后，张经理发现公司的客户订单越来越少，甚至出现客户名单与联系号码不匹配的情况。后来，张经理接到一位老客户的电话，问他为何迟迟不发货。细问之后，张经理才明白，当初胡某离职时不仅带走了公司的不少客户信息，还刻意把留下来的资料胡乱篡改，造成信息失真。

根据张经理提供的线索，工商执法人员在业务系统内找到了胡某注册登记企业的信息，经营项目同为瓷砖。工商执法人员随后对胡某的公司展开检查，查获原公司的客户名单、合同订单、报价及配套产品、供货渠道等一系列资料。胡某的行为涉嫌侵犯商业秘密，所幸发现及时，对张经理的公司未造成太大损失。

对于任何一家企业而言，业务员跳槽都是普遍现象。但一些业务员离职后，会带走不少客户资源，这让不少管理者为之头疼。业务员天天与客户接触，时间长了很容易和客户培养出感情来，一旦离职，他们会尽量说服客户转移到自己跳槽的公司，这使得原企业的客户流失严重，业务量急剧下滑，甚至陷入短期困境。

前面提到的案例在各行业中很常见，《华夏酒报》报道的这个案例同样很典型。

杨经理是河北某县级市的一名白酒经销商。该县级市人口50多万，城区人口15万，城区餐饮终端226家，商超终端364家；乡镇人口35万（12个乡镇，375个自然村），乡镇餐饮终端450多家，商超终端2600多家（杨经理没有建立系统的终端数据库，对终端店的情况缺乏透彻的了解，但与20多个二级终端商的关系不错）。

杨经理的公司属于家族式管理，杨经理负责与厂家沟通，维护与主要终端商的关系，他的妻子负责公司财务，小舅子则分管库房。在销售方面，有销售经理1名，业务员8名（其中1名主要负责团购业务），司机6名，厢式货车5辆，面包车2辆。杨经理经营高、中、低档品牌的白酒和2个啤酒品牌，每年的销售额有1400多万元。但是春节后，销售经理和4名业务员突然跳槽并带走了大量的终端客户，给公司造成了巨大的损失。

对于以上遇到的业务员离职的情况，这是许多传统企业都需要面对的问题。要维系长久、稳定的运营，一定要做好规划，做好细节管理，功夫下在平时，建立健全终端数据库，注重终端信息地图和终端客户档案的建立。

终端信息地图和终端客户档案的建立和更新是一个长期不间断的工作，一定要把这项工作纳入考核体系。前期对业务员的考核是：以鼓励、奖励为主，建立一家终端客户档案奖励多少钱；随着终端客户档案家数的健全，后期对业务员的考核是：终端客户档案信息填写正确无误并及时更新一家奖励多少钱。这样才能保证建立健全正确无误的终端信息地图和终端客户档案。

企业一直扩张，管理能力却跟不上

米兰·昆德拉说：生命不能承受之轻。我们在这里却要说，企业不能承受之重，因为扩张带来的沉重。

2013年1月，凡客诚品CEO陈年在公司内部年会上总结，2012年是凡客成立以来，克服困难最多的一年。前四年凡客运气好，简直是乘风破浪，似乎可以一往无前，无所不能。2012年是凡客发展的第五年，终于遇到了扩张难题：一是来自人员的膨胀，处处可见人浮于事；二是产品失控、没有库存周转意识；三是运营基础设施冗余。他反思"病因根源是管理能力跟不上凡客的发展，无视凡客既是一个时尚品牌公司，也是跨度最长的互联网公司""外因就是整个电商领域的吹牛皮、放卫星，似乎口水就能把自己漂到月亮上"。

陈年承认，2011年由于自己"头脑发热"犯了错误，让凡客遇到了一些困难，也让合作伙伴生出了一些误解。2012年，凡客开始了全品类扩张，进入箱包、内衣、百货以及化妆品等领域，陈年认为，凡客在品类扩张上存在一些错误。而外界认为，在定价策略、库存周转上，凡客也存在一定的问题，这也导致唱衰凡客的声音四起。尤其原本定于2011年第四季度完成上市的凡客，由于资本环境不尽如人意而推迟IPO（首次公开募股），引发了外界更多的猜测，比如资金链断裂等。

鉴于以上原因，凡客在接下来的一年进行了诸多调整，包括：组织结构调整，人员结构优化，专注专业产品方向，集中消化库存。据陈年介绍，以上调整实现了业绩增长，并让运营效率提高了200%，整体库存周转天数从3

个月以上到不足30天，最终实现不靠融资而是靠自身造血来发展。最重要的是凡客团队得到了锻炼，走上健康发展之路。

在如今这个日新月异的互联网时代，每天诞生的企业非常多，动不动上市的企业更是层出不穷，但是，一家公司的管理能力，不可能因为成长迅速或者上市就一夜之间大幅提升。如果管理能力跟不上，上市反而会累死公司。在企业超速成长的背后，大量的问题也开始显现：企业扩张速度太快，人才培养和管理能力跟不上。如果还是盲目扩张，不但增加成本，而且可能亏损。

对大客户深挖掘还远远不够

毫无疑问，客户是企业利润的来源，根据二八法则，大客户则是企业创造利润的关键，大客户的价值无疑应该被提升到战略的高度。因此如何真正体现并提高大客户的价值，从而为企业创造更大的利润，就成了一门值得任何一家企业深入研究的学问。

有这么一个案例：

严成是一家重工机械公司的销售主管，有一天，他拜访了一个老客户，目的是在了解上期项目合作成果的同时继续推进新的产品销售。双方聊着聊着，自然说到到了价格问题。由于客户在此前已经与严成合作了三年多的时间，而且每次项目金额都至少几百万，因此，客户希望严成能给予更高额度的折扣八折，而严成也觉得该客户是自己的VIP（贵宾）客户，但由于公司有明确规定，自己的权限无法给客户打到八折。考虑之后，严成决定和公司老总请示，争取能够争取到客户期望的折扣。

让严成没想到的是，当他将折扣申请报告递给老总时，老总不大高兴的样子说："这个客户并不属于公司的VIP客户，我们不能给他这样的折扣。"严成感觉很纳闷，这样一家多年来为公司贡献利润的客户怎么就不算VIP呢？老总看这迷茫的严成，解释道："从销售角度来说，这个客户的确为公司做出了不少的贡献，但从财务角度来讲，这个客户并不是优质客户，因为他们的项目难度大、周期长，需要我们投入的人力成本和时间成本都很高，而且还经常拖延付款，所以其实我们的利润是很低的，如果再给他们降低折扣，那我们很就要亏本了……"

听老总讲的话，严成更加迷茫了：为什么在业务和财务之间会存在对VIP客户界定的歧义呢？究竟什么样的客户才真正是企业的VIP客户呢？

其实，业务和财务之间之所以会对VIP客户的界定有分歧，主要是因为双方看待客户的角度不同。业务是从销售额角度，而财务是从利润角度。所以，应该站在企业的整体层面来分析客户的价值。

目前，不少企业对大客户的价值深度挖掘还远远不够，表现在：

（1）企业的客户很多，但是大小客户混在一起，没有制定一个客观、具化的标准来真正区分什么是大客户、什么是小客户，从而也谈不上好好地去经营大客户。

（2）虽然有的企业建立了大客户部门，但是形同虚设，服务水准和服务项目与普通客户没有明显的区别。

（3）单纯地认为客户的员工多、产量大就是大客户，缺少对客户采购量占比的评估，结果经常出现所谓的超级大客户的采购量占比反而不足10%，却一直享受着大客户的特殊待遇。

（4）对客户内部信息了解片面，或者只停留在表面，比如在决策流程和采购流程上，忽视了客户在企业内部关系、个人职业规划、外围资源等方面的隐性需求，甚至有的还老套地依赖请客送礼的偏门行为，导致业务的招待费用数额巨大。

（5）代理商不少，但是缺乏一整套明确、规范的制约体系，而且标准不完全统一，折扣返点和账期等没有区分开来，体现不出大小代理商的差异。

（6）大客户流失情况严重。经过对比，客户觉得有的公司的优惠政策和条件比这家好，自然就选择了别的公司，大客户就这样流失了。所以，深度发掘大客户的特殊需求，提供有针对性的服务是非常重要的。

危机意识不够或者危机处理不当

说起企业的危机意识不够或处理不当，最典型的案例莫过于三鹿集团因为"三聚氰胺事件"，不得不在一片慨叹声中走向破产。

早在2007年底，三鹿就已先后接到农村偏远地区反映，称食用三鹿婴幼儿奶粉后，婴儿出现尿液中有颗粒的现象。2008年6月中旬，他们又收到婴幼儿患肾结石去医院治疗的信息。7月24日，三鹿将16个样品送检，并在8月1日得到了令人胆寒的结果。

遗憾的是，三鹿并没有对奶粉问题进行公开，而其原奶事业部、销售部、传媒部各自分工,试图通过奶源检查、产品调换、加大品牌广告投放和宣传软文,将"三鹿"与"肾结石"的关联封杀于无形。

2008年7月29日,三鹿向各地代理商发送了《婴幼儿尿结晶和肾结石问题的解释》,要求各销售终端以天气过热、饮水过多、脂肪摄取过多、蛋白质过量等理由安抚消费者。

对于经销商,三鹿也同样采取了糊弄的手法隐瞒事实,因此造成了不可挽回的局面。在从2008年7月10日到8月底的几轮回收过程中,三鹿从未向经销商公开产品质量问题,而是以更换包装和新标志进行促销为理由开展回收工作,导致经销商响应者寥寥。正是召回的迟缓与隐瞒真相耽搁了大量时间。大规模换货引起了部分经销商对产品质量的极大怀疑,可销售代表却拍着胸脯说,质量绝对没有问题。在2008年8月18日,一份标注为"重要、精确、紧急"的通知传达给经销商,三鹿严令各地终端货架与仓库在8月23日前将产品调换完毕,但仍未说明换货原因。换货效果依然不佳,毒奶粉仍在流通。

而三鹿的外资股东新西兰恒天然在2008年8月2日得知情况后,要求三鹿在最短时间内召回市场上销售的受污染奶粉,并立即向中国政府有关部门报告。三鹿以秘密方式缓慢地从市场上换货的做法引起了恒天然的极大不满。恒天然将此事上报新西兰总理海伦·克拉克,克拉克于9月8日绕过河北省政府直接将消息告知中国中央政府。

另外,三鹿缺乏足够的协调应对危机的能力。在危机发生后,面对外界的质疑和媒体的一再质问,三鹿仍不将真实情况公布,引发了媒体的继续深挖曝光,最终导致消费者的消费信心不可恢复。

在这个互联网的时代里，随着全球化、市场化、信息化的到来，企业的经营环境日趋复杂多变。生产环节、销售环节、市场环节乃至外部环境的些微变化都会对企业的经营造成冲击。员工罢工、银行停贷、经销商中止销售、原料供应商断绝供货、高层管理人员人事更迭、顾客投诉、同行挤兑、政府限制、媒介炒作、社区居民抗议等突发事件严重威胁着企业的生存和发展。在这种背景下，没有良好的危机管理意识，是难以适应的。

过程失控导致凭运气成功，靠福气完成任务，企业风险很大，形而上的工作作风更盛。需要完善企业的经营保障系统，以提升企业抵御风险的能力。过程监管是确保结果的准确率和及时性，纠偏与修正的关键环节，同样是"以结果为导向"的管理思想的贯彻实施。

风险失控

应收账款是"情人"

有关资料表明,目前我国有80%以上的企业深受"三角债"的困扰,企业之间相互拖欠的货款已高达上万亿元,致使企业无法进行正常生产,也使市场经济的正常秩序受到严重干扰。

企业应收账款失控,表现在以下几个方面:

一是企业的经营管理体制不合理、不健全有问题的企业一般都存在监管不分、考核不明、约束不力的情况。很多企业的员工工资直接与指标完成情况挂钩,在个人利益的驱使下,员工一味追求指标的完成,从而获得丰厚的奖励。这种情况下,应收账款大幅增长,后期又无人无力追讨,应收账款越积累越多,企业渐渐步履沉重。这种片面追求利润指标,让应收账款越滚越大的做法不是企业实现长效发展、可持续发展的应有举措。

二是销售率有水分。很多企业对市场有很大的野心,急于占领市场,制定的任务总是希望尽一切可能达到理想的销售量。员工为了达成个人利益，也尽可能多的寻找经销商，多谈一个客户，就离完成销售指标又迈进一步。所以，自企业的任务制定到员工执行，无不是追求销售的量，而没有注意到这种急于求成带来的弊端——应收账款的累积。

三是对客户的不诚信行为预估不足。一些企业只想扩张市场，增加销售量，对风险控制却做得不足。甚至对客户的资质和信用没有调查清楚就敢于用赊销来保留客户、争夺市场。只追求账面上增长的数字好看，从不担心拖欠资金的按时按量收回问题。这时候，财务部门应发挥出应有的作用，配合销售部门起到监察账款的支付情况。

四是销售基础工作没有做到位。比如在应收账款的后面应该附有条款全面的合同或协议。合同和协议是使合作的双方受到法律保护的最可靠方式。没有这些保障，如果碰到蓄意想钻公司空子，损害公司利益的客户，上了法庭也只有公司吃亏的份了。不能因为客户一时的诱惑而放弃最基本的原则。

五是企业应收账款管理不力。企业的目标和制度制定不合理、风险控制不到位、后续追款工作没有责任到人等，都会影响应收账款的收回，让企业陷入应收账款的越积越多的泥潭中。

总之，应收账款就像"情人"，没收到手的钱就像没有娶进门的媳妇，始终不是名正言顺的，如果想要保证企业正常运营，一定要减少、严控应收账款及呆账、坏账。

库存是"吸血鬼"

有一句俗语，叫"家中有粮，心中不慌"。当然，这是典型的小农意识或农耕时代的思想。如果库存不是一般等价物，不能立即变现成别的你想要的东西，库存大就未必是好事，因为库存占用资金，导致企业现金流紧张，加大企业的利息支出。库存增加也会增加企业在仓储保管、物料配送等方面的费用。比如某快速消费品企业，根据市场行情额外采购了2万吨液态原料，由于自身罐容能力不足，只得租用罐容，结果租用费用以及存储运输费用增加了400万元，单位成本增加约400元。银行短期贷款的年利率为4.62%，而一般的竞争比较充分的行业的平均净利润率在4%左右，显然，如果产品库存一年，则利息已经把可能的利润抵消掉了。而且库存暂时不能被变现，不能形成流动的资金，这会直接影响到其他项目的进行，对企业造成相当大的损失。

在传统的管理思想里，库存被看作是生产顺利进行的保障，当生产发生问题时，总可以用库存来缓解，库存越高，问题越容易得到解决。因此，高库存成为大批量生产方式的重要特征，超量超前生产被看作是高效率的表现。然而恰恰是因为库存的存在，掩盖了企业中的问题，使企业意识不到改进的需要，阻碍了经营成果的改善。

库存就像"吸血鬼"一样，躲在黑暗的角落，不停地吞噬着我们的元气，吞噬着企业的钱财，因此，企业管理者一定要严格控制好库存，让它保持在你可操控的范围之内。

不赢利的业务是"肿瘤"

在我提供过咨询服务的十几个行业的公司里，我发现其中多数公司有30%～40%的业务是完全不赢利的，而20%～30%的业务则创造了公司全部的利润。

为什么会这样呢？因为几乎在所有的公司里，都没有人直接负责微观层面的利润管理，即把收入和支出与每笔实际交易一一对应。根本问题在于财务会计系统把收入和支出计算在便于公司制作财务报表的类别里，而这种分类不够细化，无法做有效的利润管理。这就使公司内部隐藏着大量的不赢利业务——没人对其评估，没人发现，也没人解决。

比汉王科技为例，2013年上半年，汉王科技继续亏损3386万元，正如其预测的发展轨迹一样。汉王科技最辉煌时，市值在2010年上市两个月后达到最高的175亿元。2012年年末，电子书业务占营收比例为27.41%，尽管在汉王科技5大业务中仍占比最重，但与2011年相比，已下滑77.01%，其他业务没能为汉王科技带来业绩扭转。

企业要想良性发展，必须审慎拓展业务，并积极调整不赢利的业务。在这方面，华为是个典范。华为总裁任正非在2013年12月19日的企业业务座谈会上表示，未来的3～5年是华为抓住"大数据"机遇，抢占战略制高点的关键时期。华为的战略要聚焦，组织变革要围绕如何提升作战部队的作战能力展开。

"我们在作战面上不需要展开得那么宽，还是要聚焦，取得突破。当你们取得一个点的突破的时候，这个胜利产生的榜样作用和示范作用是巨大的，这个点在同一个行业复制，你可能会有数倍的利润。所以说我们要踏踏实实沿着有价值的点撕开口子,而不要刚撕开两个口子,就赶快把这些兵调去另外一个口子,这样的话你们就是成吉思汗,就是希特勒,你们想占领全世界,你们分兵多路,最后就必然是死亡。我还是要强调,企业网目前取得了一些胜利,但不要盲目铺开摊子作战,还是要聚焦在一定的行业、一定的产品范围内,越是在胜利的时候,越别着急盲目行动。我原来也讲过,你们中国区实现了赢利,我允许你们中国地区拿一半的利润去开拓市场,去做新市场的补贴、开拓,但是要开拓有希望的市场,而不是送到最困难的地方去,你们可以采用这个扩张方法。总的来说,我认为拳头握紧才有力量,分散是没有力量的。"

不赢利的业务,就像"肿瘤",在没到一定的程度时,不痛不痒,可能是隐形的、潜在的危险,但是当它积累到一定程度,便无法挽回,会拖垮你的身体,造成致命的伤害。

企业倒闭的罪魁祸首:资金断链

联盛能源是山西省最大的民营煤炭企业。在2009年、2010年间,联盛董事局主席邢利斌惯用的"大手笔"扩张持续进行,包括以百亿巨资进入农业领域。但邢利斌却错误地判断了煤炭行业的发展形势,大跨步地多元化扩张,遭遇了煤炭市场的逆转,煤炭价格近年来的下跌使得煤炭企业的现金流更加捉襟见肘。在联盛的煤炭主业已经独木难撑之时,农业和教育项目也相继变脸,成了联盛的拖累。最终,联盛资金链断裂,被迫进行债务重组。

相关数据显示，近3年来，中国平均每天都有众多企业倒闭，近7成的民营企业都熬不过其发展的第5个年头。那么，究竟是什么原因导致中国的民营企业有如此之高的死亡率呢？据一项调查显示，中国70%的倒闭企业都是因资金链断裂所致，如曾经的巨人集团、旭日升等。

忽视财务风险控制，是导致企业短命的主要原因。在中小企业中，大部分企业老板投资时最关心的是市场前景、投资预算、销售目标、利润目标和人员投入，而对于风险管理和控制却不够重视。

任何企业发展的动力和最终的目的都是为了赢利。当企业与竞争对手的市场销售收入相差不大时，成本的控制就成为企业取得竞争优势的关键。因此，降低成本是企业破冰求生的必由之路。

资金链断裂是企业走向末路的罪魁祸首，这也是企业对于现金流的掌控不足造成的，因债务摧垮现金流而倒闭的企业频频出现。俗话说：财产再多难变现，一分钱逼死英雄汉。如果企业一直是"左手赊进，右手赊出"或者资金回笼远低于或等于资金输出，那么，一旦遇到不好的经济形势，就可能离倒闭不远了。

隐性成本过多，造成各种浪费

所谓浪费，是对人力、财物、时间等用得不当或没有节制。企业所有的经营过程都有可能产生浪费，如设计、采购、生产、安装、销售、服务、后勤、管理等。浪费提高了企业成本，降低了企业利润。

显性成本是记录在账的历史成本，所涉及的会计业务都是已经发生的事情，比较容易分析和控制。对于大多数企业管理者来说，对经营中隐性成本的控制，是企业管理的一大难点。

在丰田有数十年工作经验的林田博光先生讲述了"几种典型的浪费"：

（1）不良浪费。假设生产由很多工序构成，如果之前有一个不良工序没有被发现出来，后面就要历经多重工序去修补这个工序。就像软件编程，如果编程之前，对客户的需求分析、设计是错误的，那么将直接影响到后续的所有工作，错误被发现得越晚，损失就越大。如果有一些浪费是可以避免的话，那么就要在最早的阶段消除它。所以，要及早正确地分析出客户需求。

（2）库存浪费。大量的库存占据了企业大量资源，同时在危机到来之时，会给企业经营带来许多不确定性。

（3）等待浪费。无作业内容可做，就是等待浪费。比如一线工人因为流水线上的物料没到而等待就是这种浪费。造成等待的原因包括作业不平衡、安排作业不当、停工待料、品质不良等。

（4）动作浪费。它指的是任何对生产和服务没有带来价值却带来时间和资源消耗的人员或机器的运动。比如装配线上的员工需要转身、弯腰拿取零配件，就是动作浪费。在工厂也好，在办公室也好，流程设置中不让员工寻找，不让员工反复，这就是消除动作浪费。

（5）搬运浪费。主要指不必要的移动或把东西暂放在一旁的搬运过程。比如搬运的距离很远，小批量的运输，出入库次过多等。

（6）制作过多浪费。比如客户这周说要五十个产品，我们却生产了一百个。企业眼中的浪费，实际上都是生产系统本身所造成的。

这些浪费是隐性的。企业对它们全都视而不见，以致人们常常认为这并没什么不妥。这种浪费是组织功能失调的征兆。只有**认识和重视这些隐性成本的构成与危害，并采取各种措施对其加以控制**，才能从根本上改善企业的成本状况，提高企业应对经济危机的能力。

风险失控会让企业成为一台没有安装防病毒软件的电脑，很容易受到病毒感染，存在瘫痪的危险。更恐怖的是，应收账款的风险会导致利润被吃光，增加资金风险，加大企业正常运作的难度。

利润失控

敲响警钟：利润正在离我们远去

现实如此残酷，几乎每年都有已经取得初步成功的企业，因为利润流失的问题，"猝死"在攀登另一高峰的征途上。企业的利润到底流失到哪里了？这是困扰许多企业管理者的难题。

曾受消费者追捧的沈阳飞龙、名噪一时的"德隆系"、药业名牌三株集团……都在消费者的眼皮底下瞬间崩塌，而它们倒闭的原因又惊人地相似：利润的流失。

企业处在不同的发展阶段，其利润流失的原因和过程是不同的。

第一阶段：创业期。创业期一般是3～5年。在这一阶段，企业可以亏利润，但是不能亏现金。企业如果失去稳定的现金流，就难以得到长久的发展。

第二个阶段：成长期。成长期一般是5年左右。在这个阶段，其关键是达成销售和利润之间的平衡。如果没有掌控好这一点,利润就会大量流失,企业因此白白丧失做强、做大的机会。

第三个阶段:转型期。在转型期,企业的增长率呈下降趋势。在这个阶段,企业的特征是成长开始减慢,利润容易流失。大部分企业之所以难以逾越转型期这道坎,主要是这些企业进入了以下三个误区:

(1)进入了创业期和成长期的惯性。许多企业正在前赴后继地走上一条通向无底深渊的不归路,原因是这些企业仍使用创业阶段的方法管理企业,其典型的特征是盲目追求增长。这类企业没有考虑如何构建核心竞争优势,保证企业良好的利润来源,而是盲目多元化。

(2)一味追求规模。规模的增大往往容易变成企业的负担甚至拖累,赚取的利润会被自身的规模清零。

(3)盲目追求营业额。营业额的大小取决于销量的多少,而许多管理者错误地认为,销量的上升,必然带动利润的上升。因此,许多企业将销量的多少定为业绩的大小,使得销售人员为追求业绩而盲目接受订单。

在微利时代,企业经营者只有在企业发展的各个阶段控制好利润的流失,提升企业效益,才能实现企业利润的最大化。

提升销售与降低成本的两难选择

利润=销售收入-变动成本-固定成本。

由此可以看出,企业利润率要高,固定成本费用率就要低。如果要达到同样的利润率水平，毛利率低的行业，固定成本率必须相对低，管理效率高，才能保持利润率水平。如果固定成本率不变，要提高利润率，则必须提高毛利率。

一般而言，以下两种方式都可以挣到钱：一种是成本控制得很好，同样的商品能获得更大的差价；另一种是销售额很大，每种商品虽然利润率不高，但总盘子大，获得的绝对利润高。很多小老板在刚创业的时候，都有较高的利润率，但规模上不去。规模上去了，利润率就必然下降。此时，如果管理没有跟上，就会出现财务问题。

提升销售额不难，难的是如何在提升销售额的同时不增加成本。

降低成本不难，难的是在降低成本的同时不影响销售额的提升。

事实上，做强、做大是所有企业管理者的终极目标，然而，令他们头痛的是：企业规模扩大了，利润却下降了；销售额上去了，成本却失控了；资产增加了，负债却没有减少；利润增加了，现金流却断了；更有甚者，企业成功地越过创业的危险期后，再向前迈出一步，竟是无底的"黑洞"。

片面强调业绩，忽视利润

由于市场竞争激烈，许多企业为了发展，提出了"发展要规模，规模要效益"的口号，全力扩大用户规模，保证收入增长。在这种片面的唯业务、唯收入、唯业绩论的氛围下，基层员工时时刻刻关注的是业务发展、用户增长、业务收入的完成进度。一些落后的单位，为了实现赶超，只好绞尽脑汁，另辟蹊径，采取一些非常规的手段，想方设法在较短时间内，将数字提上去，将业务做上去，好让领导放心，保住自己的一亩三分地。

在这种非常规的发展方式上，出现低价倾销式、陷阱存留式、低价批发式等五花八门的营销手段，如此百般手段，目的只有一个：有订单，就万事大吉了。至于如何做好售后服务、加强用户挽留、解决资费争议、做好用户解释，那是以后的事，眼前的利益才是利害攸关。但是如此一来，服务跟不上节奏，用户就会无所适从，最终影响的是企业的品牌形象。

企业的发展壮大是有规律的，业绩不可能一蹴而就，应根据企业的实际情况合理安排。我们需要的是良性发展，是健康、有效益、有质量、可持续的发展，企业应时时处于可控的状态，防止把发展异化为一时的用户增加、短期的收入增长、一张华丽的报表，一味地以短期业绩排名比高低、论英雄，而忽视了企业发展的内在品质。

在企业大规模扩张的声势下，部分企业自上而下便产生了"唯业绩论"的文化。过分强调KPI和销售规模，容易导致企业内部员工对业务的理解盲从化、简单化，也导致一些企业内部管理人员对管理的理解模糊化、粗放化。企业内的一些员工为了达标，弄虚作假"粉饰"销售业绩，部分管理人员的权限随之放大而缺乏相对应的监管，从而酿成腐败。

唯业绩论，以销量考核，是传统思维，容易陷入不计成本，投入与产出不成正比的误区。

唯结果论，以利润考核，是极端思维，容易陷入不计手段，过程与流程不走正道的境地。

前一种考核，销售部主导——卖货，适合成长型企业。

后一种考核，财务部主导——算账，适合成熟型企业。

单纯追求数字目标，员工就会变得唯业绩是从，不会从事业的长远发展角度考虑问题，因此要摒弃这种做法。

一切没有效益的管理都是成本

某民营企业为了提升企业的管理水平，制定了很多管理制度，聘请了在大型企业工作过的人做厂长，但"改头换面"后的企业还是显得零乱，文件制度一大堆，管理成本上升，效益反而下降，工资占销售额的比例从以前的6%上涨到13%，老板为此感到很困惑。事实上，这绝非是个案。许多企业虽然建立了ISO 9000质量保证体系，各部门也建立了一系列内部文件，从表面上看，公司的管理规范了许多，但随之又出现另一些弊端：处理事务有时变得过于机械化，文字工作增加了很多，渐渐产生了为追求管理而管理的现象。

企业在发展的不同阶段，应该拥有不同的管理形式，小企业如果处理不好，就容易患上"大企业病"，导致管理层次增多，各部门规章制度林立，同时还可能出现各部门在制定条例时缺乏充分的沟通，致使部门之间的制度不统一、部门内部文件跟公司文件冲突等现象。这种为规范而规范的做法，忘记了管理规范的真正目的，因而是一种无效管理。

管理大师彼得·德鲁克有过这样一段精辟的论述："就管理本身而言，无所谓什么职能，而且也无所谓什么存在。管理如果脱离了它所服务的组织就不是管理了。人们所理解并加以谴责的官僚主义就是那种误认为自己是目的而组织是手段的管理。这是管理层,特别是那些不受市场考验约束的管理层容易犯的一种退化性毛病。预防、制止并在可能的情况下治疗这种毛病,应该是任何一个有效的管理者以及一本有效的管理著作的首要目标。"

确实如此,如果管理不能有效帮助企业实现目标,就没有正面的意义,甚至会是负面的或有害的。管理学上有一个原则——"聚焦于结果和创造价值",违背了这个原则,管理活动就会舍本逐末、南辕北辙、弄巧成拙。

放眼望去,在一些大企业中,部门林立,人员冗多,很多时候,管理本身变成了目的,管理活动发生异化,于是出现了越来越多"为管理而管理"的现象。而且,这样的现象并不限于大企业,在很多中小企业中也存在。

美国前国务卿鲍威尔在《我的美国之路》一书中记述了他在20世纪70年代越战期间的一段经历。当时,他曾带领连队驻扎在一个大山里的军事基地中,任务是保卫近旁的一个军用机场。这个机场是干什么的呢?是为了给这个基地运输给养!于是,鲍威尔感叹了一句话:"我们在这里是因为我们在这里……"

鲍威尔提到的这种现象在企业中也是一样的道理。在企业的管理中,类似的事情比比皆是。人们在勤勤恳恳地管理着,却忘记了管理要达成什么目的。事实上,管理并非越多越好,糟糕的管理比没有管理更糟糕!

管理是手段,而不是目的。如果管理没有效益,那么管理越多,增加的成本就越多,利润也就降低得越厉害。这是如今不少企业面临的利润失控问题中很关键的一点。

庸才往往会成为企业的负资产

在评价一个公司的规模和竞争力时，我们通常要评价它的资产。正资产毫无疑问是企业有效的竞争力量。一个企业里的人力资源也可以分为正资产和负资产，它同样是企业竞争力的一部分。只有正资产才能给企业带来利润，负资产永远会拖累企业，长期做负资产的员工必定会被淘汰。没有任何一个企业愿意养着一个拖累企业的员工。

据统计，企业实际支付给员工的费用是员工基础工资的3～4倍。这其中包含办公费、场地费、险金费、电话费、水电费，以及其他公共待摊费用等。所以，销售人员若是一年所做的业绩连自己都无法养活，就意味着他要靠别人养活，这样不仅吃掉企业利润，而且会成为负资产。若是这样的员工比例超过10%，销售团队的负担是可想而知的。

如今的人力成本都很高，人海战术更是增加成本的大患，招到合适的销售人员并非易事，训练新人的成本也很高；再者，不是每个销售人员都有很强的学习力和可塑性，与其纵容太多不合格的人，还不如大胆淘汰或让其转岗。因此，公司宁可提升基本工资标准招合适的员工，也不能因为降低工资标准而收一群庸才。

下面举一个例子，有家我做销售辅导的公司专门生产工业设备，需要招聘跑渠道的销售人员，过去人员工资低，尽管能招到人，可是不敢多管理，管严一点员工就辞职不干，导致销售计划无法执行，销售总监很有压力。后来，企业把收入提高到入职就是5000元起，收入等级分为5000元、7000元、9000元等，拉开了差距，同时紧跟上考核，而且想拿满底薪5000元也不是随便混日子就可以的。结果招聘人员变得容易，考核可以有效落实，并且执行力比过去都好，业绩上升，还没有影响到预期利润。

为什么呢？大多数人是口袋决定脑袋，收入有了，心里踏实了，也就认同公司的管理了。

在这里给想做成事业的老板一个观念："好的人才是贵的，但也是免费的。"因为他赚取的利润远远超过了他的薪水；不好的人才天天出问题，天天损失业绩，这样的人哪怕你每月只付给他10元工资，也是不值的。所以，宁可提高薪酬福利聘请一些出色的、合适的人才，也不要花很少的钱聘请一个庸才，因为庸才往往会成为企业的负资产，比劣质的项目更可怕。

利润失控会让企业的利润停留在预期值中，实际核算时有明显差异，还会丢失大把的机会成本和时间成本，这些虽然都是无法计算估量的，但可以通过提高工作效率和优化工作流程来改善。

健康失控

把自己累倒累趴——做领袖的孤独

据统计,在2010年1月到2011年7月的19个月里,知名上市企业中就出现了19名总经理/董事长级别的高管离世。在这19名逝者之中,因患病而亡的比例最高,为12位,达到63%;因抑郁原因自杀身亡的有4位,占21%;另外3位则系意外身亡。

企业家们常常感叹:无论是身体上还是精神上都不自由。

是的,他们太累了,他们的财富是以牺牲自由和健康换来的。

中国老板在工作与休息之间缺乏平衡,过多地投入工作,身体和精神在这场持久战中是不堪一击的,这也使得高管频频"过劳死"。部分网民在微博上表示,"员工过劳死,企业家何尝不是这样,大家都不容易"。根据《中国企业家》杂志针对中国企业家阶层"工作、健康及快乐调查"的结果显示:目前有高达90.6%的企业家处于不同程度的"过劳"状态。作为一名企业家，平均一周要工作6天，每天的工作时间将近11个小时，而睡眠时间仅为6.5个小时。

其实，这个世界并没到缺了谁就不行的地步。很多老板花20万元去买燕窝，而不愿花20分钟去跑步，他们不知道，其实健康不是用钱买来的。企业家千万别把自己累倒了，要知道健康才是举足轻重的，有些时候，也该放慢脚步享受身边的快乐，不要让离别也步履匆匆。

除了重视身体上的健康，也要兼顾心理上的健康。据调查统计，近30年来有1200多名企业家自杀身亡，中国企业家群体已成为心理疾病的高发人群。究其原因，正是过度追求事业而忽视了身心健康。

据媒体报道，2014年1月4日，中国中铁股份有限公司总裁白中仁在家中跳楼自杀，经抢救无效后死亡。其家属随后公布的消息显示，白中仁近来患有抑郁症。"中铁内部绝大多数人都不知道白中仁得了抑郁症，平时也看不出来，大家只是发现白中仁近年憔悴了不少。"白中仁曾表示过"整夜睡不好，心理压力过大"。

企业家，这些在外人看来经历了各种摸爬滚打最终实现了被世人认可的人生价值、给社会带来巨大的财富的人群，却承受着普通人想象不到的巨大压力。头顶光环，外人甚至家人都无法成为他们的倾诉对象，也没有时间去关注自己的心理问题，从而导致企业家成为心理疾病的高发群体。

企业家们交际面广，"朋友"很多，却没有一个能真正交心的，他们的内心依旧是孤独的。一方面顶着整个企业运作的巨大压力，永远是榜样和光辉的旗帜，需要一直表现出充足的自信和巨大的能量，另一方面压力和苦水又无处倾诉，长此以往，身心一定会坍塌。这样，大家还会震惊，如此这般的人竟然也会自杀，实在是不能理解。真是可悲可叹。

不甘心、不服输，只能选择透支自己

2013年9月5日晚，创新工场董事长兼CEO李开复微博上称自己已经确认患淋巴癌。数据显示，中国企业家的健康问题并不乐观。中国企业家的健康状况相比2011—2012年非但没有得到改善，反而每况愈下。从2012—2013年的体检数据来看，中国企业家体检指标异常率超30%者从8项已经上升到10项，其中颈椎异常、血脂指标异常及骨质疏松的体检异常率均超五成。

为了获得反映企业家健康状况的综合指标，研究者对血脂异常、脂肪肝、超重或肥胖、骨质疏松、血压增高、空腹血糖增高、甲状腺异常、血尿酸升高等八项指标进行了汇总性分析。在对这八项指标进行分析后发现，85.2%的企业家被检出至少有1项指标异常，检出至少2项指标异常的为63.2%，至少3项指标异常的为43.3%，有大约24.7%的人检出有4项指标异常……

精神压力巨大，作息不规律，饮食无节制……中国的老板们看起来很富态，但往往都属于亚健康人群。想想也不奇怪：这些老板们多是"富一代"，他们要靠自己的辛勤打拼在激烈的竞争中占据一席之地，他们牺牲了健康、牺牲了娱乐，以换取成功。

虽然为了达到自己的目标和理想挥洒热血，是成功学里一贯鼓励的，可还有一个说法：健康是1，其他所有的东西，如事业、财富等都是0，有了前面的1,后面的0才有价值。如果前面的1没有了,后面的东西再多也是0。所以说,身体是一切的本钱,这些大企业家把身体健康拼没了,身后的那些财富、名誉都是虚无的。

所以,在追求财富、权力、地位时,企业家是否应该关注下自己的身心健康?跑车需要保养,好马也需要休息,在中国古老的哲学思想里,过犹不及,把握住努力与休养的平衡才是睿智之选。在财富、权力、地位的比拼中,坚持到最后的才是赢家,不能为了一时的财富榜名次透支了自己。人们总喜欢跟别人比较,把跟别人的比较结果作为自己努力的参照标准。一有不如别人的地方,生气、郁闷、嫉妒这些不良的情绪就会占据你的内心,殊不知就在跟别人的比较中,我们逐渐迷失了自己。

在中国,企业家是弱势群体

在常人眼中,企业家总是家财万贯、衣食无忧的样子。的确,全球80%的财富都掌握在20%的人手里。这20%的富豪可能坐拥千万资产,他们手下可能管理成千上万的员工,可能时常出入高端会所、笑谈天下风云,这一切都是很多人可望而不可即的。

然而,高处不胜寒,在中国,企业家也是最特殊的弱势群体。在日常经营中,在与政府打交道的过程中,甚至是在和员工交往的时候,企业家都处于弱势。宗庆后说,民营企业家是弱势群体;马云也说,今天的企业家,特别是中国的企业家也是一个弱势群体。

一起来看看相关媒体梳理的当前中国企业家面临的弱势。

1. 社会仇富心理普遍

革命成功后的一件大事就是"打土豪，分田地"。社会普遍的价值观是"为富不仁"。在这样的社会氛围下，使得那些获得财富的人内心感到不安，即使拥有了财富也没有安全感。这些年来，社会上的仇富心理也让企业家们惶惶恐恐。

马云也曾说过："所有人对企业家的看法和企业家对自己的看法、对社会的看法都有很大的偏差，社会普遍认为企业家和商人一定是唯利是图，一切的目的是为了赚钱。企业家对此愤愤不平。今天很多人在说社会上有很多的弱势群体，某种程度上讲，今天的企业家，特别是中国的企业家，也是一个弱势群体。"

2. 税收和其他负担指标重

我国还处在不断深化改革的探索之中，各项制度一直在修正和完善。对于企业，审批制度、税收制度也一直是压在身上不轻松的担子。

2013年9月23日，工信部中小企业发展促进中心首次发布全国企业负担调查评价报告。从被调查企业总体来看，毛利率达到了19%，而同时期全国工业企业为14.7%；被调查企业平均利润率只有5.1%，低于全国工业企业的6.66%，这意味着企业积累的可分配资金和可用于投入再生产的资金有限，企业需要减负的问题突出。企业负担相关指标由四个子项组成，包括：三项费用（营业费用、管理费用、财务费用）、员工工资及福利、缴费和税收。面对这样的担子，企业的领导班子自然也轻松不起来。

3. 企业家不是社会主导

商场风云变幻，企业家的命运往往如坐过山车，此一时还手握财富，翻云覆雨，彼一时就倾家荡产、债台高筑，甚至身陷牢狱，财富、地位尽失。

除了自身命途多舛，企业家也不是社会的主流，社会话语权也从不在这些从商的企业家手里。企业在正常运作、能给他人和社会产生价值的同时要担负着很多的责任，一旦企业破产倒闭，不能继续给社会提供利益和价值的时，社会舆论会立刻转向，就会谴责企业家，企业家成为了众矢之的，成为社会仇富心理的牺牲品。因此，企业家的处境其实十分尴尬。

不敢授权、不会授权，只能自己干到死

"老板，这事咋办？""老板，我说了他们不听。"是不是觉得这种画面很熟悉？如果一件芝麻绿豆的小事也要找老板解决，这样的老板当的是不是太累了点？其实有很多这样的中小企业家，由于企业是自己亲力亲为做大的，所以事无巨细，都要过问。但是当企业发展到一定阶段，老板如果不懂得放权，势必会出现"老板太累，员工无所适从"的局面。

俗语说："强将手下无弱兵。"然而对于过了创业阶段的企业来说，则

是"强将手下多弱兵"。为什么会这样呢，多是企业领导自己"惯"出来的。

有一个说法是：一流领导，只要活着。二流领导，自己不干，下属拼命地干。三流领导，自己干，下属跟着干。四流领导，自己干，下属没事干。不懂授权的领导者不放心别人干，事事冲到前面一揽子全包，这样会渐渐失去人心，下属只是服从命令的机器，不敢承担责任，不用动脑，没有价值感，自然也不会有归属感和责任感。

聪明的领导者懂得授权，授权可以调动属下的积极性，使下属更有归属感和责任感。这样下属虽然有压力，但身心愉快，充满价值感，对未来也有美好的期待。对于领导，就可以考虑更多与公司发展息息相关的事，而不会被琐碎的事情牵着鼻子走，这就是古人无为而治思想的智慧。

企业老板疲于奔命般地工作，长此以往就会导致工作缺少热情，状态持续低迷。解放老板才能解放企业的发展瓶颈，解放老板就需要武装老板，就需要系统管理做支持。思科集团的CEO约翰·钱伯斯曾说："我必须改变，我必须能认识到我要么成为推动我们在未来取得成功的人，要么成为拖大家后腿的人。如果你认为自己不会被别人赶超，那你就大错特错了，不论你身处什么位置，你都需要改变。"

企业家是公司的领头羊，担负的责任重大。甚至是老板越能干，基层员工的依赖心理就越重，"催几下才做一点，不催就不动"，员工在基层的位置上看不到全局，只考虑薪酬待遇够不够养家糊口这种与自身相关的问题，"企业的责任就留给老板吧！"这样导致的情况就是，老板事无巨细地过问，但事情永远处理不完，反而越来越多。老板越操心，员工就越不给老板省心，什么事都要请示，自己不动脑子，做事也不积极主动，甚至制造问题，于是，老板只能四处救火补洞，再厉害的领导，有三头六臂也会招架不住，反而耽误了重大事情的决策。这样对企业的影响很大，时间久了必然会影响公司的经营和发展。

2

颠覆：未来扑面而来，你准备好了吗

这是一个改变的世界，人类变化、社会进步、新技术信息每两年增加一倍，意味着一年前学习到的知识，到第三年就会有一半过时。《纽约时报》一周的内容相当于18世纪的人一生的资讯量。智能手机、移动互联网、物联网、群体思维的变化、云时代的新营销、免费经济、跨界思维……一切都变了，未来扑面而来，你准备好了吗？

新技术革命的崛起

移动互联网才是真正的互联网

2013年12月9日,腾讯创始人、董事会主席兼CEO马化腾为万科到访团队进行主题演讲。他提出一个观点:移动互联网才是真正的互联网!

"我最近一直在谈传统行业,讲话时特别尊重传统行业,但绝对不是恭维传统行业。我们也不是故意的,是由衷感到,只有敬重才能共同发展。我的思考是,互联网不是新经济、新领域独有的东西,我觉得最终它会像蒸汽机、电力等工业化时代的产物,可以给所有的行业应用的工具。你有了蒸汽机,电力各行各业都可以做,互联网会在各行各业焕发生机。所以我们很多的产品包括微信其实是在做一个连接器,人和人、设备和设备、服务和服务、人和设备、人和服务都应该有一个智能的连接。我们想做最底层,上面由传统行业自己搭载自己的逻辑,来应用在自己的领域,这里面的空间是无穷的,也是我们做不了的。每一行都很深,需要各行各业用起来,才能发挥移动互联网的最大威力。同时互联网的思想也影响了很多人，用口碑营销、粉丝文化创造出一线互联网化的产品，比如小米、特斯拉、海底捞都是有互联网的思想，成为人们口口相传的口碑，这是未来要注重的。"

越来越多的挑战摆在传统企业的面前，移动互联网企业就像"站在门口的野蛮人"，踢着你的门，抢走你的生意。让传统企业的老板们焦虑的是，移动互联网企业的这种跨界颠覆让他们防不胜防，无法抵挡，更谈不上如何出手反击了。其实走出焦虑的前提是，你要清楚移动互联网企业为什么会抢走你的生意。

第一，移动互联网彻底打通了线上的虚拟世界与线下的真实世界。那些"站在门口的野蛮人"开始进入了真实世界与现实商业。

以微信为例，想一想安装微信后的基本动作"读取手机通讯录"，这看似简简单单的一个动作，马上就帮助移动互联网企业获取了每个人的真实信息和真实的社交关系信息。因此，如果说一个人是处在两个层面的世界，一个是虚拟的线上世界、一个是真实的线下世界，那么当我们进入到移动互联网时代后，这两个层面开始融为一体，于是，那些"站在门口的野蛮人"进入你的客户群，进入你的生意场。

第二，移动互联网企业能更快直接抵达用户。

比如腾讯公司以前只知道用户的QQ账号，如今通过微信又掌握了用户的手机号码。所以，如果腾讯跟你从事同样的生意，它想向用户进行影响传播的时候，就可以直接抵达用户，既可以通过个人电脑进行，也可以通过手机操作，具备全终端、实时、准确的营销传播能力，而且对它来说成本很低。

相比来说，传统企业就面临很大的挑战。以快销品为例，事实上企业并不清楚是谁买走了他们的产品,更不清楚这些用户的需求特征是什么,只能通过单向的广播式广告进行影响。随着85后、90后乃至00后逐渐成为消费主流,这种传播影响力上的差距将日益明显。

第三,移动互联网企业对于用户的感知与洞察更强,甚至比你更懂你的用户。

通过平台获取大量用户信息后,移动互联网企业进一步通过大数据平台进行储备、分析与转化,并以此为基础去深度地挖掘这个用户,因而它能够更准确地感知一个用户的状态。此外,移动互联网企业善于提升用户体验,比如带着"互联网思维"去做生意的小米手机、黄太吉和雕爷牛腩,其用户体验就得到了普遍赞誉。做到极致的用户体验,是"互联网思维"非常重要的特点之一。

相比之下,传统企业就存在很大问题:不清楚到底是谁买了自己的产品,更无法掌握用户有着什么样的使用习惯。尽管产品也卖出去了,但是对客户的把握实际上很脆弱,这样的模式在未来的商业世界中肯定是会越走越窄。

从目前来看,移动互联网企业颠覆传统企业的打法,大都是,在你传统赚钱的领域免费,彻底把你的客户群带走,继而转化成流量,再形成其他生意来赢利。简单地说,移动互联网企业在用颠覆性的思维、创新的商业模式和极致的客户体验来抢你的生意。听,"站在门口的野蛮人"已经在踢门了,传统企业的老板们你还坐等着自己的生意被抢走吗?

自媒体时代的企业营销

在2014年6月22日媒体训练营2014年夏季峰会上，小米科技联合创始人黎万强提出的"每家公司都是自媒体"引发热论。

如今，媒体紧随时代不断自我升级，不断突破自我边界，市场化、商业化，而众多企业也从最先做官网、官微，到现在将自媒体提上日程，做社交互动营销，认识并感受到传播与互动的能量。

从传统媒体到新媒体，从个人自媒体到企业自媒体，技术革新带来观念和方式的急剧变化。那些身在这个时代中的一些先觉的企业主和媒体人，在这样新旧交替的大趋势中成了先行者，也在不自觉中成了这个潮流的推动者甚至引领者。

在信息大爆炸、信息大传播的今天，"媒体"这个词已不再是电视、报纸、杂志的专有名词。虽然几十个人采访、编排、印刷、发行这样合伙一起干活的模式依然是主流而且也在发挥影响力，但其信息更新频率以及对突发性事件报道的及时性相比于微博、微信等社会化渠道显然有些跟不上了。在如今信息泛滥的碎片化时代，"自媒体"时代已经到来。

通过微博和微信等新媒体，每个人都可以成为媒体人、出版人，由用户自己生成内容的自媒体时代应运而生。与传统媒体受到管制的局限和权威化倾向不同，自媒体的产生依托于互联网技术，主要扎根于普通公众，在传播的内容、时效性、媒体开放性、交互性等各方面也与传统媒体有明显的不同。相对传统媒体来说，自媒体带有更明显的新技术和草根化特征。其理念是观点自由、平等对话、信息共享，更推崇用户间的自主交叉互播。

在自媒体时代，企业的行为会被无情地曝光在自媒体之下，千万个拥有自媒体的消费者在关注着企业的一举一动。不管企业愿意不愿意，都是无法隐藏的了。如果还像以前一样，认为自己是这个行业的领导者，自己的产品最好，得有点架子，那么企业的就很难适应当下的媒体环境了。

对于企业而言，要懂得把自媒体当做一笔社交资产。要知道，每个企业的社交资产是不一样的，社交资产变现的门槛也是不一样的。微博、微信这样的企业自媒体就是要给拥有社交媒体资产的企业提供更好的变现能力。

小米创始人雷军有句经典语录：只要站在风口，猪也能飞起来。

企业只有勇于面对技术变革浪潮，善于抓住用户的需求，才能在自媒体发展的长尾效应中把握住市场机会。

大数据重构我们的生活

谁也不会否认，大数据是人类历史上一次颠覆性的技术变革。如今，世界已步入大数据时代，浏览新闻、玩游戏、发短信、打电话、购物、住宿、出行交通，等等，都会留下痕迹。据相关统计显示，全球有超过70%的人认为，企业必须掌握强大的数据分析能力，通过数据分析深入了解客户，快速响应客户需求，以个性化服务赢得客户。越来越多的企业或被动或主动地意识到，掌握了大数据就是把握了未来市场的方向。

下面我们来看一个案例，看《纸牌屋》是如何通过大数据获利的。

《纸牌屋》已经成为运用大数据的一个经典案例。如今，为了获取利益，越来越多的公司正不断尝试并且实施各种方法挖掘大数据的潜能。

《纸牌屋》开创了美国电视剧新变革，成功的秘诀恐怕就是挖掘大数据。这部由大卫·芬奇导演、凯文·史派西主演的政治剧投资方为美国在线影片租赁提供商Netflix公司，该公司能够提供数量庞大的DVD影片，顾客可以通过PC、TV、iPad等几乎所有客户端观看影片。

《纸牌屋》最初是由英国BBC在1990年出品的一部迷你剧，导演迈克尔·多布斯的精彩执导使其进入"100部最佳英国电视剧"的行列。拥有庞大数据分析团队的Netflix公司通过后端数据分析，发现20多年前的这部电视剧如今的点击率依然非常高，因此做出投资1亿美元、重新拍摄两季《纸牌屋》的决定。Netflix公司对于这笔高昂的风险投资之所以如此自信，并且最终获得成功，依仗的正是"大数据"。据美国《大西洋月刊》记者亚历克西斯·寇依的报道，当你打开《纸牌屋》第一集看了几分钟后按下"暂停"键，这个动作就会被Netflix迅速记录、锁定并分析。或许你只是去了趟卫生间，但如果被Netflix发现，它每天数以百万计的用户中，不少人都在此处"暂停"过，那它就会恍然大悟，这大概就是传说中的"尿点"了；当用户扎堆选择"快进"时，那就表明"此处会闷死人，编剧、导演你们自己感受下"；而当用户来来回回观看某个片段时，Netflix就知道：此处很动人，或者戏很给力，请务必酌量增加，以飨观众。

> 不同于传统媒体要进行事后用户调查，Netflix的数据端能够掌握观众的一切喜好，无时间和空间的约束。比如观众爱看什么题材的电视剧，喜欢在清晨还是深夜看，在哪儿看，用手机还是iPad看，通过Netflix庞大的用户数据库都能够了解到。这正是Netflix敢于投巨资重拍《纸牌屋》的信心保障。Netflix首席内容官泰德·萨兰多斯表示，"互联网改变了用户的习惯，如今人们想什么时候看就什么时候看。这是全新一代的观众，我称之为'点播的一代'，而《纸牌屋》正是为这代人度身打造的第一部作品"。

像Facebook、Twitter等知名社交网络公司，在面临这样的海量、高速和多样化的数据时已开始用分布式程序系统基础架构、非关系型的数据库等大数据技术来解决海量市场信息问题，并取得了成效。国内最大的电子商务公司阿里巴巴也在利用如阿里信用贷款与淘宝数据魔方这样的大数据技术为其提供具体服务。淘宝数据魔方利用淘宝平台上的大数据应用方案，商家可以了解淘宝平台上的整个行业情况、自己品牌的销售情况、市场排名、消费者行为情况等，并因此具有更强的决策力、洞察力和优化力。

在应用大数据技术之前，企业一般通过信息技术以及互联网技术获得CRM（客户关系管理）或BI（商务智能）系统中的顾客信息、市场促销、广告活动、展览等结构化数据以及企业官网上的一些数据。但这些信息所能提供的帮助非常有限，只能达到企业正常营销管理需求的一到二成，远不足以掌握趋势或发现规律。而其他八到九成的数据，如社交媒体数据、邮件数据、地理位置、音视频等，在几年前被人们丢弃，没有被利用起来。如今大数据技术的出现大大提高了算法和专业化的数据加工能力，从而让这类之前被弃之不用的数据在竞争日趋激烈的市场中日益珍贵、效果显著。

不过，企业启动大数据营销有一个最重要的挑战，那就是数据的碎片化。在许多企业中，数据都散落在互不连通的数据库中，而且相应的数据技术也都存在于不同部门之中，如何将这些孤立错位的数据库打通、互联，并且实现技术共享，才是能够最大化发挥大数据价值的关键。

"云"的时代来了

近年来，正如"HOLD住""伤不起""人艰不拆"等词在网上"火"起来一样，"云生活""云电视"继"云计算"后，也红起来了。几乎所有的国产家电厂商都在"云电视"上布局，但"云电视""云生活"的蹿红更多的是因为联想、苹果、TCL品牌的"云攻势"。可是，"云电视""云生活"到底是什么，其实我们知道的还很少……

原来，在互联网发展的初期，技术人员为了简化繁冗的技术细节和复杂的机制，以便讨论新技术的时候更加方便，习惯把互联网画成一朵"云"。想不到，当初技术员的这种"小情调"，在如今这个时代被赋予了重大的意义。如今，"云"已经成了最火热的一个词汇。

简单地说，云计算就是一种基于互联网的超级计算模式。在数据中心，无数台电脑和服务器连在一起，依靠集体的智慧，扮演着"超级计算机"的角色。如此一来，用户就通过电脑、笔记本、手机等终端设备接入数据中心，然后按照各自的需求来进行存储、运算。

一段时间以来，有不少传统企业对互联网存在理解的误区，认为互联网的就是"传播和渠道"，其实随着数字化、智能化的普及，如智能机器人的广泛应用和智能操作系统的升级，所有汇集的数据从过去的信息孤岛被云计算集成之后，产生的数据力量为传统行业的发展提供了不可估量的潜力。

根据权威数据，在亚太地区，80%的IT决策者希望他们的企业未来使用内部和第三方混合模式的基础设施。到2016年将有50%的亚太区企业把超过一半的IT资产转移到第三方数据中心。65%的受访者表示，他们正在使用、评估或计划实施公司内部和第三方服务器相结合的模式。

如今，各家科技巨头都在争夺"云"战场。比如戴尔、亚马逊、IBM、等知名企业，将IT系统、数据库等基础设备整合起来，分隔成不同的空间供企业租用。而微软、苹果、谷歌、雅虎等企业则打造程序开发平台与操作系统平台，开发人员可以通过网络撰写程序，而用户则可以在上面直接执行程序。

比较形象的说法是TCL集团高级副总裁、TCL多媒体CEO赵忠尧描绘的"云生活"场景：早晨，云电视会用悦耳的音乐叫你起床；你只要对着云电视挥一下手，电视就开始语音播报当天的新闻资讯；临出门，你问云电视"今天天气怎样"，电视就会告诉你"今天有雷阵雨，气温25摄氏度，请注意带伞呀"；晚上，你下班回家，将手机中拍到的搞笑视频，以无线的方式"传到"家中的云电视上，让妻子和孩子共同分享白天遇到的趣事！

还有，阿里巴巴集团首席架构师王坚也打了个比喻："小时候很多地方喝水需要在门口打一口井，从想要喝水到挖井到喝上水，过程坎坷，费时费力。但是现在家里用水只要跟水务公司打个电话，甚至买到房子的时候就已经有水了，过程大大简化，这都是水厂的功劳。在互联网中，云计算就相当于自来水厂，随用随取，不用自己建服务器，而且一开始就能用上安全、干净的水。"

云，它不仅仅是把管理智慧推向云端，而且可以让前所未有的业务洞察和创新成为可能。

（1）以社交数据为基础，快速分析并完成精准销售。

（2）支持员工自助式自我提升规划和培训。

（3）灵活快速处理财务流程，实时智能分析，降低财务风险。

（4）无缝延展全球供应商网络，支持业务流程快速响应。

（5）灵活创建新型业务流程，快速部署新应用的云平台。

2015年3月5日十二届全国人大三次会议上，李克强总理在政府工作报告中首次提出"互联网+"行动计划。

"互联网+"行动计划将重点促进以云计算、物联网、大数据为代表的新一代信息技术与现代制造业、生产性服务业等的融合创新，发展壮大新兴业态，打造新的产业增长点，为大众创业、万众创新提供环境，为产业智能化提供支撑，增强新的经济发展动力，促进国民经济提质增效升级。云计算已经上升到国家战略之一，我国发改委拨出15亿元作为专项资金扶持国内云计算行业领军企业。这些利好都显示出，一个"云生活"的时代正在慢慢向我们走近。

员工群体思维的变化

价值观冲突：90后想的和你不一样

零点研究咨询集团曾经发布了一项对90后群体价值观和消费行为的研究报告。报告指出，90后的价值体系中，利他精神逐渐弱化，取而代之的是强调个体、寻求自我认同的价值观。他们推崇的是互惠；他们眼中的竞争不是你死我活的生存战，而是一种在当前社会下如何互相协调，彼此借鉴互补，将自己的优势和利益最大化，从而达成共赢的局面。

报告还显示：90后的自我认同表现在自我权威、自我掌控和时尚感的提升上。接受调查的近半数90后表示"我喜欢变化，讨厌一成不变"（46.7%）和"我喜欢与众不同"（43%），多数人"希望被他人关注，成为焦点和名人"，男生中这一比例达到40.3%。同时，75.5%的90后相信自己未来成功的可能性比较大或者非常大。

90后最常出现的三种情绪分别是"快乐"（66.5%）、"有活力"

（44.8%）和"平静"（33.7%），74.9%的90后对未来10年的世界持乐观态度，他们倾向于用和谐、美丽、整洁、舒适、发达、人性化等美好的词汇来形容他们眼中的未来世界。

如今的90后，已经和80后一样，被赋予了承载社会希望的责任，也就不可避免地要承受着社会关注的目光，其一举一动往往成为话题的焦点。随着网络时代的透明化、即时化，各种"门"、各种"自拍"、各种新鲜词汇频频出现。当60后、70后的人还以为90后都是孩子时，有一天突然惊奇地发现，90后俨然成了时代新的主角，而且被一些社会学家打上了"非主流""脑残一代""没有责任感"等负面的标签。其实，这种负面认知的形成，根本上还是在于时代的冲突。

历史总是惊人的相似，某些镜头不断重演。十几二十年前，我们也看到过类似的情境，社会学家们痛心疾首，高呼80后是"垮掉的一代"。时代在变，社会在变，标准在变，过去我们把这种分歧称为"代沟"。如今，当差异越来越大时，这种分歧就演变成了时代的冲突。

谁也不能否认的是，时代的变化真正造成了每一代人之间巨大的认知差异。而且，只要社会在不断进步、发展，每代人的生活环境就会不断变化，每代人都有自己的标准。所以，想要看清90后，我们必须放下自己的标准，真正做到接近90后、融入90后、理解90后，才能真正懂得90后、用好90后、留住90后。

作为60后、70后的企业家，千万不要拒绝高科技产品，不要拒绝移动互联时代，否则会越来越不懂中国年轻人的心声，也越来越把自己边缘化。

倒马斯洛需求：如何激励新生代员工

马斯洛需求层次理论是行为科学的理论之一，由美国心理学家亚伯拉罕·马斯洛于1943年在《人类激励理论》论文中所提出，常被现代企业应用到员工激励方法当中。

马斯洛理论把需求分成生理需求、安全需求、社交需求、尊重需求和自我实现需求五类，依次由较低层次到较高层次。

这个理论是没错的，但是对于新生代员工特别是90后员工来说，貌似要倒过来才适用。也就是说，他们首先追求的不是生理需求和安全需求，而是自我实现需求和尊重需求。这样一来，马斯洛需求理论金字塔就要倒过来了。

所谓的"新生代员工"，主要是指1985年以后出生，特别是1990年以后出生的年轻人。这些年轻人往往非常坚持自己的想法，有时甚至不太考虑别人的感受。同时，他们有很强的自尊心，对于别人的批评有着一种本能的抵触感，他们会找出各种理由或证据来解释或反驳。因此，相对于60后、70后来说，新生代员工想要被认可的需求更加强烈。

在企业中，如何管理新生代员工管理的确令人头痛，他们给人感觉是：太任性、责任感不够，说不得、罚不得，一不爽就直接辞职走人。事实上，新生代员工真的这么难管吗？到底是他们的问题，还是企业的问题？

其实仔细研究我们会发现，新生代员工在工作中更喜欢友善的人际互动和自由平等的沟通方式，他们厌恶传统的说教，藐视权力和权威。在实际的管理过程中，绩效考核、工资，甚至人性化的关怀，都可能不会让每一位新生代员工产生应有的忠诚度。因此，文化激励讲求双向性，即有共同的目标诉求和价值观、相互忠诚。

一次，我到某公司做销售咨询顾问，提前一天晚上到了他们的一家直营店。我发现，下班后，该店铺的销售业绩实现了一个突破——开业半年以来的单天最高销售。该公司的营销负责人有意无意地说了一句话："老师，我们店有件怪事，就是开业半年以来周日从来没有超过周六。"而破纪录的这一天刚好是周六。这位营销负责人的弦外之音是说，我能不能来打破这个怪圈。

于是，我对这家店铺开业半年以来的销售数据进行了大体分析，也跟个别员工进行了简单沟通，发现这些员工具备了很多典型的90后的特点。该店铺采用工作一天休息一天的制度，也就是说第二天上班的同事今天根本看不到前天同事的业绩。那么，我该怎么办呢？

第二天一上班，我把当值的员工招集起来开晨会。开场的时候我问了两句话："大家知道昨天的同事发生了什么事情吗？""大家希望这个单日销售纪录是由他们保持，还是由我们来打破呢？"不用说，这两个问题在任何店铺、任何时候去问，得到的回答都一定是完全相同的。接下来我就叫他们定目标，然后细分到每个人的身上。

接着，我采取了竞争式的激励方式。"接下来我们玩一个游戏，就是在今天晨会上承诺做到第一并且最终实现的，今晚直接奖励现金1000元。"我的话音刚落，刚才个人指标第二的员工马上报出了一个超出第一的数字。后面的场面更热烈了，他们就像拍卖会一样地不断向上提价。最后有一位员工干脆说："大家都别争了，不管谁提指标，我都比他多500元。"就这样，最后他的指标加到了11000元。由于几位员工的同时"竞价",总目标也由原来的7万元提升到了12万元。

随后,我并没有对他们的工作进行15分钟的指导和监督,而到了晚上下班后,那位个人提出指标最高的竟然完成了自己的承诺,远远超过了之前的个人单日销售纪录7000元;总销售额也达到了8万元,超出前一天1万元左右,成了新的纪录,同时也打破了星期天从来没有超过周六的怪圈。

下班时,我组织他们进行分享会。原来晚上10点下班,大家9点45分就开始看表了,可是今天到11点才开始拉下卷闸门;原来员工从一楼跑到二楼一天跑十趟就觉得累了(他们的仓库在二楼,而主销区域在一楼),可是今天有一位专门拿货的导购,可能跑了几百趟,直到下班的时候才觉得腿好像不是自己的;原来他们中午11点开始就陆续出去吃饭了,可是今天一直到下午5点才由店长买来面包、每人花3分钟跑到仓库里啃啃就接着出来做生意了……产生这样的迥然不同的结果,就是通过90后员工不服输、争强好胜的心态,采取个人与个人PK(对决)、班组与班组PK等方式,使得店铺与员工之间拥有共同的目标诉求,从而大大提升了工作效率。

当然,要让这些认为公司的销售与自己无关的个性员工把集体目标当成个人目标,形成目标的统一,有很多的方法,上面这个只是其中一种。我们要让90后员工自己提出承诺,这种承诺比奖金对他们的激励效果要大得多。

在实际的管理中,我们需要通过一些细节动作进行文化激励,新生代员工喜欢求新求变,因此,我们的激励措施需要不断地变换,和以往传统的做法有所区别,让他们觉得工作不是简单的重复。

(1)给出新颖的头衔(如:新人王,王中王,魔售,魔售王,指环王——佩戴冠军戒指）。

（2）适度灵活的工作时间（如：可以有两种不同的上下班时间，关注效率）。

（3）把激励会议开到公司之外（如：量贩KTV，主题餐厅）。

（4）培养员工之间的友谊（如：企业好声音，游戏大战）。

（5）用改进的方式处罚（如：用"下次你会怎么做？"或"换作是你能接受吗？"来鼓励改进；迟到的延长两倍的加班时间，叫加钟）。

（6）鼓励分享最佳实践（如：故事大王，"我的成绩怎么来的"）。

（7）让员工觉得对企业有贡献（如：推荐奖励，创意奖励）。

（8）给予人性化的关怀（如：生活、兴趣、恋爱、情绪等方面的关心，做到多引导少批评，多表彰少暗示）。

新生代员工固然有自己的个性，但总体上来讲，管理上差异并不大。管理者只要多关注一下他们的需求和特点，把以上8种方法灵活运用，并在管理方法上不断创新，让自己也跟得上他们的思想步伐，和员工产生情感链接，让员工参与到经营中来，让员工受到尊重，有归属感，便可以有效地发挥这些年轻员工的工作积极性。

加班、开会：关键是追求工作有效性

有这么一个故事：

某零售企业老总在微博上极力赞赏一道智力竞赛题。题为：如果罗浮宫失火，情况紧急，只允许抢救一幅画，你会抢救哪一幅？是凡·高的，还是达·芬奇的？在成千上万种答案中，"抢离出口最近的那幅画"这个回答获得奖金。评委称：成功的最佳目标不一定是最有价值的那个，而是最有可能实现的那个。

正如以上这个题目所蕴含的深意，经过思考，我们会发现工作和生活中的很多问题，本质的"有效性"常被一些表面的因素给遮蔽掉了。

很多人不知道什么叫效率，他们以为效率就是：多开会，多加班，单位时间、单位人数下干更多的活。其实，这是错的！评价一个人的工作是否有效率，不是看他干活的时间是否够长，而是看他干的活是否有更大的价值。效率等于有用功除以总功。也就是说，效率指的单位时间和单位人数产生的价值。因此，想要提高工作效率，不是增加人数，也不是让他们干更多的活，而是这些人干出来的活必须有更多有价值的东西。

开会、加班，这些事情对于60后、70后和80后还能接受，但是对于90后来说，他们有不一样的理解。有人评价说90后讨厌开会、讨厌加班。其实，客观地说，他们更多的是想要追求工作的有效性。如果能达成这个共识，企业的管理者就不会因为这个问题而理解不了年轻员工的所作所为了。

先说开会。所谓会议，就是通过集会来商议。会议是对安排工作流程和分工，以及计划缺陷的一种补救措施，或者是不同部门、不同岗位人员工作协作所需要的一种沟通方式。这样一来，我们开会时就不能工作，工作时就不能开会，开会和工作不能同时进行。所会议太多或开太久就必然要占用很多人的时间。

我们之所以要开会，是因为要靠彼此合作才能完成某一特定任务；是因为某一情况所需的资源、知识和经验，需要通过互相协调和沟通来配置或者共享。但是很多企业内部有太多的应急性和临时性的会议，经常让人感到应接不暇、措手不及。一个企业如果经常要以这样的会议方式来共同工作，那么就会无端地浪费很多人的宝贵时间，也一定会使正常的工作受到干扰和损害。

如果真的是非开不可，那么为了能取得比较好的会议效果，为了不浪费大家的时间，为了提高工作的有效性，可以做到以下五点：第一，少开会；第二，开短会；第三，全员充分准备；第四，讨论不要跑题；第五，会有有议，议而有决，决而有行。

可开可不开，就不要开；没有准备好，就不要着急开。会议的意义在于发现问题、分析问题与解决问题；会议后能落实执行，会议才是有效的。

开会的形式也未必非要聚在一起，可以通过视频、微信群的语音等更开放的方式进行，这样不仅能达到目的，还能节约时间和费用。

再说说加班。加班对于不少人来说都是一件痛苦的事。现实中，绝大多数的加班都不会有额外的收入。由于缺乏高效科学的管理机制，一些企业采用加班的方式完成任务，不仅没有取得好的效果，反而带来了更深层次的问题。员工一直在高强度状态下工作，长时间得不到休息，就会影响身体健康，更会导致工作质量下降，有的甚至会因长期疲劳工作引发事故。可见，我们必须正确地看待加班，工作的时间长短与否并不能说明一个人是否出色。

我认识一位企业高管，他所在的部门负责单位新产品的开发。这是传统行业的企业，各种管理制度不是很严格，主要是依靠领导监督来完成事情。半年前，他们拿下了一个项目，为一家工厂定制开发一套产品。这个项目无论从投资规模，还是从所需要开发的工作量来讲，都是比较大的，因此企业的领导非常重视这个项目。

然而，做项目特别是研发新产品，必须遵循一些客观规律——大的项目，要有前期的规划，才能较好地开展工作。可是，他们企业的大多部分人，尤其是领导也并没有这方面的经验，大家还是以原来那种埋头苦干的态度来安排工作。大家每天都工作得很卖力、很辛苦，可是项目进行了三个月，却仍然没有太大进展。按理说，这个时候应该仔细分析一下完不成任务的原因，然后及时调整工作安排。没想到，领导却认为要靠加班解决问题，于是宣布从即日起实行6+1工作制，即每周多上一天班，每天多干一小时。听到这个消息后，大家都非常不满，因为大家心里都明白，目前遇到的问题绝对不是靠加班就能解决的。可是没办法，只能照章执行。

于是，大家每天起早贪黑，周末还要多上一天班。看到员工在单位的时间增加了，领导也稍微松了一口气，认为工作进展应该能往前推进了。

孰料，事情没有这么简单。由于工作安排不到位，任务没有具体细化，大家还是不知道该干什么，于是经常出现人来了但是闲着没事做的情况。逐渐地，大家就变得懈怠了，有的时候明明一两天能干完的工作，也要拖六七天才能完成。而且由于没有一个考核标准，大家不管干得快还是慢，周末都要来加班。久而久之，就连以前工作出色的同事，也开始磨洋工。

更为严重的是，由于长时间周末不能休息，很多人心里都充满了怨气。领导没有及时化解大家的情绪，反而继续责怪员工工作不积极。但是，领导此时也感到无计可施了，该加的班已经加了，没有任何其他的办法。一时间，整个项目不仅没有什么太大进展，领导与下属之间关系还十分紧张，工作非常被动。就这样，项目时间过半，到了中期考核的时候。由于项目进展缓慢，高层领导发现了问题。这个时候，一些同事也纷纷找到公司高层反映项目组里出现的问题，大家都表示，产品开发本来是属于一种脑力劳动，和纯体力劳动不太一样，不能简单地靠堆砌来提高工作量。相反，如果一个人或者是一组人长期加班，工作效率反而会越来越低。在了解到这样的情况后，高层领导果断地更换了部门负责人，同时调整了工作安排。一方面，取消了所谓的6+1工作制；另一方面严格了工作流程，保证每个人的工作效率，避免了重复劳动。就这样，项目渐渐地有了起色，步入了正轨，最终也如期完成了产品的开发。

其实，不管是在国内还是国外，不管是以前还是未来，开会和加班都是亘古不变的话题。但我们必须承认一个事实，没有效率的开会和加班，不仅不会有助于工作，反而会是工作的"负能量"。作为85后、90后的年轻人遇上开会和加班这种事情时，难免会有怨言。那么，作为企业的老板或领导，就需要开导这些年轻人要调整自己的工作习惯和心态，不能让别人都要按自己的方式工作，让他们一方面想想自己是否确实有一些工作没有做完，如何高效地完成；另一方面也要考虑能否更好地为团队出谋划策，解决效率低下的问题。毕竟，提高团队整体的工作效率，才能更好地完成工作任务，于己于企业，都是有好处的。

破则立，变则通

谁跟不上时代步伐，谁就是下一个柯达

著名的柯达公司由企业家伊士曼始创于美国镀金时代，为什么破产了？一个简单的答案是柯达日益膨胀并且过于依赖于其高利润的摇钱树——胶卷，以至于它对于被称为破坏性的新技术充满了恐惧和怀疑，例如数码相机。讽刺的是，数码相机是由柯达自己的工程师萨森于1975年发明的。

据说，当柯达公司的电气工程师萨森向公司高层推介数码相机时，柯达的高层完全不知对其应当如何处理，居然认为"我再也不需要加入创新竞争了"。几年后，当萨森将自己的发明描述为一款烤面包机大小、1万像素的机器时，高管告诉他："这很有趣，但是别告诉其他人。"

19世纪70年代，富士进军美国，第一次撼动了柯达影像领域的主导地位。柯达的高管人员始终不肯相信这一日本巨头会成为一个真正的竞争者，坚持认为富士仅仅靠低价获利。

公司的失败是渐进式的。在富士到达美国之前，柯达有绝对的市场。当公司几十年一直依赖于不变的商业模式时，高管就会失去挖掘新的商业模式的能力。

……

视线拉回国内。在联想2012年誓师大会上，联想集团董事长兼CEO杨元庆掷地有声地对所有员工表示："谁跟不上时代步伐，谁就是下一个柯达。"

"未来，传统的竞争对手未必仍然是对手，新的对手也不再是原来的PC（个人计算机）厂家，现在不是要进入他们领地的问题，而是我们的领地被侵占的问题。"

虽然在传统的PC领域，微软和英特尔的Wintel架构主宰了这个市场35年，但市场正在发生变化，包括智能手机、平板以及智能电视在内的多种新型设备应运而生，并且在一定程度上对传统PC市场产生了冲击。

"竞争对手会用更激进的方法与我们竞争，以前他们更多地把矛头指向其他厂商，我们是次要位置，此时此刻，我们成了主要对手，他们会想方设法挖走我们的人才，不惜代价发动营销战略，要战胜这些对手，我们需要付出比以往更多的努力。"

柯达的声誉仍在，只是人们更多地把它作为往昔回忆的一部分。在柯达成为商学院的经典案例时，我们更需要记住的是，随着技术的日新月异，"破坏性创造"层出不穷，谁会在故步自封中成为下一个柯达？

"破坏性创造"是管理学大师德鲁克在《创新与企业家精神》一书中率先提出的概念，即"破坏旧的生产方式，创造新的生产方式"。

曾几何时，摩托罗拉手机不可一世，甚至成为身份、地位的象征，然而却在2G时代被诺基亚击败而走向衰落，最终无奈被谷歌收购。诺基亚手机也曾辉煌多年，市场份额天下无敌，看似根本不可动摇。但是，以苹果为代表的智能3G触屏手机的问世，使得诺基亚很快开始走下坡路。2013年9月2日晚间，微软宣布，将以37.9亿欧元的价格收购诺基亚旗下的大部分手机业务，另外再用16.5亿欧元的价格购买诺基亚的专利许可证。

其实，早在1998年初，在微软园区，当作家肯·欧莱塔问比尔·盖茨"你最害怕哪种挑战"时，盖茨当时的回答就非常具有硅谷特色，他没有提及那些大名鼎鼎的对手，而是说："我害怕有人在车库里进行全新的发明。"

谁跟不上时代步伐，谁就是下一个柯达；谁不创新，谁就是下一个诺基亚。

今天你对我爱理不理，明天我让你高攀不起

2014年的下半年，整个中国都被一个人物躁动着。那就是中国的新任首富马云。网上流传了一句深入人心的马氏语录："今天你对我爱理不理，明天让你高攀不起。"

据说，当年软银孙正义只用了6分钟就决定给马云投资2000万美元，原因只是孙正义"看见了马云眼里的光芒"；但薛蛮子对于马云却不屑一顾，"这厮长成这样儿，有什么前途？"后来薛蛮子非常后悔，大呼惭愧。

网上有人曾经整理了一个资料，说除了薛蛮子之外，当年"看不上"马

云,如今"高攀不起"的可是大有人在。以下就是那些年错过马云的大佬们。

(1)熊晓鸽:把阿里巴巴给漏掉了,是我们最大的失败。

熊晓鸽被称为马化腾、李彦宏背后的男人,却唯独不是马云背后的男人。熊晓鸽在2007年网商大会上表示:"IDG(美国国际数据集团)在中国投了很多互联网公司,包括百度、携程等,居然把阿里巴巴给漏掉了,所以这是我们最大的失败。"

后来,熊晓鸽又多次在公开场合或者向媒体表示:

"不是我不想投阿里巴巴,很早的时候他没有碰到,等有机会投的时候又实在投不起了,把钱全放进去也占不了百分之几的股份。

"1999年10月,马云私募到手第一笔天使投资500万美元,是由高盛公司牵头,联合美国及亚洲、欧洲一流的基金公司共同参与的,遗憾的是这笔投资在硅谷敲定的,与我无缘。

"2000年以后,以日本软银为首的风投组合便一直是马云的座上客,我们IDG已经迟到了。而马云为了增强风险投资商的信心,2005年收购雅虎中国业务,并用阿里巴巴40%股份换回10亿美元现金,则彻底关闭了阿里巴巴面向我们IDG的融资大门。"

(2)马化腾:现在我悔都悔死了。

作为如今中国互联网企业著名的"二马",他们无疑是最大的竞争对手,马化腾曾经也有投资阿里巴巴的机会,但他没有珍惜。

2013年3月,在参加华夏同学会会议时,马化腾说:"淘宝网刚办起来时,马云跟我谈起过,当时我本有机会去投15%,但我并没有投,一是我并不看好,再是我觉得占比太少,要投就占50%,现在我悔都悔死了。"

（3）冯仑：我们看走眼了。

前万通老总冯仑是企业家里的"哲学家"，不过，他承认，他也有看走眼的时候。

2013年底冯仑接受媒体采访时说："当年马云找投资的时候，我们投了他的竞争对手易趣，当时确实是易趣强、马云弱，结果是我们看走眼了。

"做企业永远面临两种选择：追赶或转型。如果做跟随性的决策，那么企业家很轻松；转型很累，并且有风险，但可能成为行业领导者。马云当时完全也可以做个庸俗的中介公司，那叫跟随；但是他转型做电子商务，今天就成为领导者。"

互联网的魅力在于，未来每一刻都是充满着太多的不确定性，也在不断上演着一个又一个的传奇故事。不只是阿里巴巴，还有很多如今成功的企业都曾被"看轻"过。

（1）当初，WhatsApp联合创始人布莱恩埃克顿去Facebook应聘遭拒；后来，Facebook花了190亿美金收购WhatsApp。

（2）当初马云与优酷创始人古永锵竞争搜狐COO职位，古永锵战胜马云；后来，马云的阿里巴巴入股了古永锵的优酷土豆。

（3）当初，马化腾曾考虑以60万元将QQ出售，先后和四家公司谈判，都终以失败告终；如今，马化腾的身价让人眼羡。

（4）苹果公司也被人小瞧过。1976年，雅达利创始人诺兰·布什内尔，只需出资5万美元就能获得苹果三分之一的股份，但他却把机会推给了红杉资本。遗憾的是，红杉资本的投资人看不上衣衫不整、长发披肩的乔布斯，最终阴差阳错，马库拉在苹果将要面临破产的关键时候资助了25万美元，换得了苹果30%的股份，成为苹果的第一位投资人。

在这场传统企业与互联网企业的较量中，很多人输掉的原因是：对于新事物，第一看不见，第二瞧不起，第三学不懂，第四赶不及。

你瞧不起、看不见、不以为然的新营销模式，正在以突飞猛进的速度取代传统的营销模式。这就是活生生的现实。

云时代是各个领域营销创新的契机

"2012经营与管理创新年会"于2012年5月19日在苏州举行，海尔集团高级副总裁周云杰发表了一个演讲。他认为，云时代带给营销新的挑战与机遇。

是的，"云"已经是大势所趋。如今的中国商业，是一个共时性的生态系统，从小农经济、工业经济到信息经济、社交经济等形态并存于一个社会商业体中。从各类型经济对应的营销模式来看，产品营销、顾客营销、体验（互动）营销还没有来得及彻底改造中国传统的小农文明，社交经济对应的新创意营销已经扑面而来。

史贤龙先生在《销售与市场》中提出，"营销4.0：云商业时代的新整合营销"。他认为，一个新的整合营销时代已经到来。在文章中，他提出了很多有建设的观点。

1．FT时代使社会及个人生活发生改变

云营销是一个刚刚拉开序幕的新商业时代，按最长的诞生时间（以

Twitter、Facebook、iphone4+iOS/Android等陆续诞生之日）算，距今也只有短短几年时间。这几年间，新的互联网环境彻底重塑了商业的基本面貌：从生活、消费、工作、管理、媒体、营销等各个方面，今天的商业生态与几年前的信息经济时代相比发生了质的变化。

人类从来没有如此被紧密地连接在一起，并且历史性地、第一次进入到绕过所有中间媒介（报纸、杂志、广播、电视等）、让每个人与所有人自由交流的新媒体时代：做到从互联网上的微博、视频，到移动互联网（手机），以及即将到来的家庭终端（智能电视）的无缝连接。

当弗里德曼写作《世界是平的》之时，商业刚刚进入以Web2.0为特征的信息化二次升级时代，在Web2.0时代里创造出来的新商业形态：免费、长尾、众包、维基、搜索引擎、博客、部落、视频等，突然在2008年发生了质变：一个过去靠接受大众媒体信息，然后口碑传播，再反馈到大众媒体的信息传播路径，被每条只能发140个字符的Twitter以及可以上传照片、视频的社交网络Facebook颠覆。

从FT媒体（FT是Facebook+Twitter的缩写，中国则是以微博为代表的新媒体）时代开始，每个人都可以就正在发生的事件与现场者、非现场者同步交流彼此的观点与情绪。Twitter的CEO迪克·卡斯特罗称，Twitter改变了美国的选举生态。FT媒体的出现，在国际及国内重大事件，如阿拉伯之春、占领华尔街、2011年的动车追尾事故、郭美美红会炫富门等上，已经显示了巨大的力量。

中国商界还没来得及从各种社会事件"即时参与"的兴奋感中回过神来，FT时代的商业应用与商业价值淘金热已经兴起。显然，FT时代是一个在对Web2.0时代各种互联网新模式、新工具、新商业进行整合时产生质变的新时代，社会及个人的生活随之而发生改变。

2．对传统营销模式的"路径革命"

无论是传统营销模式里的4P（产品、价格、渠道、促销）、STP（细分—目标—定位），还是标准化、大规模制造、大众传播媒介、互联网（数字化）等，在新的社会化营销模式里，都在受到挑战甚至颠覆。社会化营销模式正在对传统营销模式进行一场"路径革命"，这是云营销的核心，简称为"SNS（社会化网络）营销模式"，即重新从数字化的技术革命回归到社交化的生活方式革命。

SNS营销模式不仅是一种打破传播与媒体界线的模式，也是打破消费者需求与企业运营模式界线的模式。云营销比营销的其他时代具有更强的革命性与颠覆性，具体表现在传播模式革命：创意成为企业营销的核心价值链环节。

在云营销时代，依靠媒介当量而不是品牌创意、依靠知名度驱动而不是美誉度驱动的传播模式，正在受到强大的挑战。在社会化商业生态里，一个不起眼的事件，很有可能被放大为爆炸性的事件。

2011年春节前，百事的贺岁广告微电影《把乐带回家》，用近10分钟的时间讲述了一个完整的家庭故事，将百事的各种产品如百事可乐、乐事薯片等反复植入故事情节中，动用了张国立、古天乐、周迅、张韶涵、罗志祥等出演，照顾到两岸三地的受众，在春节回家的大背景下，在门户、视频网站、微博上引发巨大的点击量,且好评如潮。

社会化商业是一种碎片化,但又具有不可思议"连接力"的网络生态系统。这一网络生态系统的优点在于,企业可以不去硬拼传统媒体的广告费用,多花些心思与时间在社会化媒体的创意及传播上,一样可以扩散品牌知名度,甚至创意够好,美誉度能瞬间建立起来;并可以通过与电子商务系统的链接,将流量(关注)、美誉度直接转化为购买力。

2011年,最值得惊奇的产品是一款叫"黄飞红"的麻辣花生,它每袋售价5~10元,在电商渠道达到了2亿多元的销售额,这可以算是电商渠道里第一个卖出规模的单一食品品牌。究其成功之道,无非是利用有趣的谐音命名品牌,形成口碑效应,并通过社会化媒体的传播,成功地将关注度转变为电商关注流量,将平台电商的流量转化成了销售额。

这种"无缝"转变,在传统商业生态里是不可想象的。只有在社会化媒体+电商平台+支付系统+物流系统组成的云营销时代,才是可能的。

3. 顾客反向搜索并定制产品

如果不是社会化商业环境、云计算技术、移动互联网等的出现,人类很难将无数个体如此低成本地连接在一起。陌生的人群一旦被连接在一起,并能够通过自由表达结成某种部落,这就是一种新生的力量。

这股力量可以促动占领华尔街,同样可以充当新商业世界的意见领袖,成为社会化商业世界的促销力量。一个有趣的案例是罗永浩在其《一个理想主义的创业故事》演讲里提到的几本专业书,销量都明显上升,因为该视频被点击观看高达500万次以上。

如今这种利用社会化媒体即意见领袖、粉丝群、关系网、媒体组成的新传播路径里,一种C2B(顾客到企业)的产品搜索、推荐及定制的商业模式正在出现。随着相关C2B平台人气、流量的提升,C2B将从简单的搜索(如美丽说)、反向团购(如蘑菇街)向真正的个性定制(如Plukka——一家珠宝定制网站)发展。

C2B是一种迎合消费者追求自我个性的商业模式,是云商业时代独有的创新商业模式之一。这种模式将高高在上的高级定制变成了普通消费者都可以体验、享受的服务。同时,C2B激发了设计师、众包、消费者自我设计、粉丝团认同设计等多种创意形态,使其转化为真实的产品及服务,这是一股有巨大发展潜力的商业驱动力。

4. 内容创意重新回到企业营销的核心

云时代是一个消费者"自由地虚拟连接"并由此产生真实影响力的时代,云生活方式决定了云营销的本质,从之前的媒体营销转移到了如今的内容营销。媒体营销的本质是权力与资本的游戏,内容营销则是创意与创新的舞台。

在现代市场经济的100年里,营销创意最早的就是内容,从奥格威到李奥贝纳,国际4A公司都是在最近的50年里成长起来,且无不以内容创意为起家之本。中国市场经济30年赶了个"晚集",在工业化经济末期的媒体强权时代,和积淀起创意经验与资本的4A公司竞争。在媒体强权面前,创意的价值并不明显，知名度就可以带来短期的价值；一条叫卖、庸俗、炒作的创意，只要敢砸钱，都能成名牌。

在云时代，媒体的强势地位已不复存在（仍有影响），博傻式的媒体投放风险，已经越来越大，媒体碎片化与社会化信息交流的现实，让内容创意与自发的美誉度（正向口碑）重新回到企业营销的核心。

与已经流行的病毒营销、口碑营销、圈子（关系）营销相比，创意营销的独特之处在于，拥有巨大的空间，用更加丰富的表现手段来展现品牌或产品的创意，如在过去几年里大行其道的段子（句式）创意、微电影。

凡客体是最初的段子创意，引发了网友的填词热情，从而获得了极高的关注度。段子创意是中国语言艺术里的一个特色，类似于古代文人的对诗游戏，是用一个创意引发连环的、主动创意的好方式。

在网上被热捧的"杜蕾斯套鞋防雨"事件，用几条微博，将产品、社会情境与白领的生活进行了"魔幻式"的连接，产生了戏剧性的效果。2011年6月23日17:58，网友"地空捣弹"发布一条微博："北京暴雨，幸亏包里有两只杜蕾斯。"同时，他配了一张如何将杜蕾斯套上靴子的手机照片。杜蕾斯官网于18:00转发跟帖："粉丝油菜花啊！大家赶紧学起来！有杜蕾斯回家不湿鞋。"该微博当晚被转发6000多次。实际上，"地空捣弹"是杜蕾斯微博内容团队的一员，杜蕾斯策划了这次起哄式传播，传播的效果显然也超出了策划者的意料。

要明白的是，创意营销的创意元按钮，不是企业的叫卖、产品优点说明、明星代言等，而是消费者内心中情感的或价值观的情结。创意者需要在大众心理、文化、情感的丛林里，找到与品牌精神相匹配的公共情结，在此情结之上制造"创意元按钮"。也许这个元按钮，就是一句话、一段音乐、一个场景、一个人物、一段故事。记住，它不是营销3.0时代强制塞给顾客的品牌LOGO。

正如SAP（思爱普）公司执行董事、前首席执行官拉斯·达尔加德所说："在当今时代，反应迟缓的企业将会快速走向灭亡。我们深知，向云技术转变是一项经过深思熟虑后展开的变革，利用云技术可以让客户不必放弃现有投资。我们为客户制定了一项战略，帮助他们与员工、客户和供应商进行大规模互动，从而快速、及时地开展业务。我们拥有当前世界上最完备的产品和服务，帮助各行各业以及不同客户实现业务目标。"

有句话广泛流传：这个世界从来不缺少机遇，而是缺少发现机遇的眼光和把握机遇的能力。是的，用规模管理规模，用速度创新速度，用活力激发活力，这就是云时代给我们的最好馈赠。

做久比做大更重要

企业首先要活下去，先做精再做大

中国的企业经历了"野蛮生长"的年代后，已经变得理性很多，不再盲目追求"大"。曾几何时，中国的企业有很多惨痛的案例，如"三株""巨人""亚细亚"，这些企业无一不快速经历了从鼎盛到衰落，这样看似一时繁盛、实际内部虚弱的企业在如今也数不胜数。在做强之前随意扩张壮大的企业由于根基不牢，终将做不长久，总有一天会因为虚弱而倒塌。

做强才是根本，做大不过是一时的结果。只有做强的企业才会真正做大。一个企业能否最终做大，要受很多内外部条件的制约，比如政策环境、产业格局、技术发展和行业竞争以及组织、决策、员工、流程与渠道方面的竞争力。一个企业注重做强，必然也会逐步发展到一个比较合适的规模。这个规模可能很大，也可能很小，但适合的就是最好的，企业的规模也是其自身发展的各方面因素所决定的。

每个老板在经营企业的过程中，都会考虑规模、程度和界限的问题：是先把企业做大、再做精、后做强，还是先把企业做精、再做强、后做大，还是先把企业做强、再做大、后做精？对于这个问题，可谓众说纷纭，各抒己见。但有两种相对统一的答案，相当一部分老板认为，应该先把企业做精、再做强、再做大，理由是把企业做精是基础，只有把企业做精，夯实基础，企业才能获得长远发展，才能做大、做强。还有一部分人认为，应该先把企业做大、再做精、再做强，应该先迅速占领市场，达到一定的规模，才能在市场竞争中占据资源和市场份额，才有机会做强、做精。

这两种理解都有一定的道理，但作为老板，选择一条正确的发展道路是何其重要，是难容试错的。著名经济学家郎咸平认为，企业盲目做大会导致其偏离主业投资，甚至加速企业的灭亡。因此，正确的出路是先把企业做精、再做强、后做大。

而先做大企业，再做强、做精企业，这种发展模式适合资金充足的企业。因为只有资金充足，才能迅速做大，快速抢占市场。对于大多数创业者来说，投资的每一分钱，几乎都是自己的血汗钱，资金有限、资源有限，只有选择卧薪尝胆式的修炼，等到产品做精了，才有出头之日。

> 世界沐浴产品行业，品牌林立、鱼龙混杂。不过，有一家企业特别引人注目，那就是德立精工，尤其是它那句"求精做细，就是德立"的口号，更是让人耳熟能详。
>
> 德立从一家生产沐浴配件的小企业，发展成行业第一家自主

研发全套沐浴产品的公司,产品远销欧洲、美洲、亚洲的众多国家,实属不易。它坚持从客户的淋浴感受出发,专注于每个细节,求精做细,这使它多年以来稳步发展成为行业里的领军企业。

从2003年下半年开始,德立开始走上自主研发的新道路,率先推出了多种创新产品,在行业内引起了很大的反响。可以说,不经意间,德立在知名度、产销量、市场占有率等方面,都在行业内遥遥领先。那么,它的发展秘诀是什么呢?那就是:先做精,再做强,后做大。

德立对产品的质量要求特别严格,每一环节都认真对待。很多企业把玻璃、拉手、滑轮、胶条等半成品买回来,简单组装低端沐浴产品就对外出售。而且在组装过程中,不注重产品质量。但德立不会这么做,他们独立研发、设计、生产密封胶条和磁胶条、滑轮、拉手等部件,并对组装质量进行严格控制。正是这种精益求精的企业精神,让德立不断发展壮大,在众多沐浴产品企业中脱颖而出。

德立表示,他们会继续坚持先做精、后做强的理念,不盲目求大,而是重点考虑产品质量的稳定性、供应能力、代理商的生存质量等,稳固地提高公司的实力。

研究管理史我们可以发现，任何一家企业只有同时具备了内在的素质和生存能力和成长潜质，在几十年甚至上百年的持续稳定发展之后，才有可能在国内甚至国际市场上占有一席之地。毫无疑问，企业先做精，再做强，最后做大，是企业健康发展、稳步壮大的必由之路。做精，企业才能健康；做强了，企业才能持续；做大，企业才能稳定。

著名的苹果如今这么成功，在于当年乔布斯经营的思路——专注，求精。他把所有的研发、市场和推广都专注于一个产品上，甚至只有一种型号、一种颜色，不给自己留任何后路。正是因为乔布斯坚持做精，苹果的产品才能以质取胜，风靡全球。乔布斯坚信：只有专注，才能把每件事情做到极致。这就是苹果公司每款产品都能横扫全球市场的原因所在。

互联网时代，人们的选择更多，这就更需要企业有自己的核心业务，要对核心业务投入百分百的技术和精力，把"极致思维"贯彻得更加彻底。有人说过这样一句话："市场经济就像地上撒了很多钱，你一定要先捡离自己最近的钱，因为你比较有优势。"同理，企业一定要做自己最擅长的产业，并用心做好、做到极致，这样坚持，相信一定不会白费工夫。

做精了，才有希望把企业做强、做大。这就是互联网时代企业制胜所在。

没有传统的企业，只有传统的思想

继2012年度"中国经济年度人物"颁奖典礼上马云和王健林的豪赌之后，2013年新当选的年度经济人物格力电器董事长董明珠和小米公司董事长雷军也赌上了。依然是传统企业与互联网企业之间的博弈，区别在于，这一次的赌注不是1亿元，而是10亿元！

对于这10亿元的赌局，不管是不是他们作秀的"噱头"，但值得我们惊叹的应该是激辩背后的互联网资本运作与传统经济的较量已经拼得火热。"互联网发展到今天，已成为一种不可抵挡的趋势，我们浩浩荡荡，势不可当。"在赌局中一直处于只守不攻的雷军，玩的是"虚赌"，他将互联网背景下小米的营销模式放大给国人，赌的就是大家对互联网的憧憬。

在颁奖典礼现场，当雷军邀请马云及支付宝为赌局做担保时，马云却用抱胸、低头、微笑的一系列动作和沉默表示不作回应。马云笑答："支付宝不敢担保。"

在赌局押宝中，作为互联网企业代表的马云却选择了传统制造业的格力空调，这让站在一旁的王健林吃了一惊，他只能被迫选择了雷军。然而仔细想想，这个结果似乎早在预料之中。

马云是这样解释为何押宝董明珠的："阿里巴巴以前全力以赴改变大家对互联网的看法，但是未来几年，我们就是想帮助像格力空调这样的企业，为传统企业注入新的东西，让传统企业有互联网的思想。所谓的新经济就是虚实的结合，只有虚和实的完美结合，才能作为新经济。否则就是垃圾经济，肯定会倒下来。"

在马云看来，没有什么传统企业和非传统企业，只有传统的思想。从格力空调和董明珠身上，我们看到的是企业家的精神，也是互联网创业的核心思想。虽然这几年小米也在进步，但是这种新型经济企业，成长快是必须的，做得久才是最艰难的。数字经济和虚拟经济，如果没有强大的实体经济支撑是很难走出来的。数字最终要落实和依附到实体上，只有实体成长了，数字才会好看，这些数字才是扎实的。

2013年12月6日，马云与张瑞敏敲定战略投资海尔电器的合作——阿里巴巴集团对海尔集团子公司海尔电器进行总额为28.22亿元港币的投资。在这场会面上，马云又说：

"一个只有不断折腾自己的企业才能活得久，才能活得好……互联网不是泡沫的核心，是在于有真正的优秀的实体经济存在。我自己觉得，这世界没有传统的企业，只有传统的思想，在海尔我看到的不是一家传统企业。我看到，海尔全面改革内部来迎接整个电子商务。中国有多少的企业说过，我们这样做不到，我们那样做不到，但是我们看到海尔在这两三年内，在电子商务的发展，海尔能做到，中国还有哪家企业说我不可以做到？它这么大的规模，这么大的影响力，这么完美的、完善的管理体系，今天它可以改变自己，那么中国其他的传统制造行业为什么不可以改变？"

如今，越来越多的企业开始尝试电子商务：在这片前景无限光明的市场中，那些资金雄厚的企业，由于对电子商务有一定的掌控能力，于是独立开发电商系统，比如苏宁易购和国美在线；有的企业则选择入驻现有的电商平台，比如天猫上的各种旗舰店；还有的是通过电商服务商打造自己的独立电商平台，比如凡客、聚美优品等……方式多种多样，不过到底哪种好，其实传统企业的老板也不确定，特别在传统企业"触电"艰难的说法之下，很多传统企业小心翼翼，不敢轻易触碰或者不再触碰电商。

传统企业如果有不做电商或者不知如何下手做电商的想法或者顾虑，而保持现状不思进取，只会抱残守缺，很难长远立足。电子商务是社会商业发展的必然趋势，企业"触电"是不可避免的，只是时间早晚而已。当第一代电商平台如阿里巴巴、淘宝、天猫、当当、京东、亚马逊将全民的网购习惯与意识培养起来以后，传统企业如果想在竞争中保持鲜活的生命力，就必须加紧"触电"。

大多数传统企业"触电"陷入一个误区，即片面地以为只要在网上设置一个销售和展示的点就能打开网络渠道了，其实这正是传统企业"触电"失败的根本原因。传统企业想做电商，一定站在一个高度，用大格局的思维来规划企业"触电"的策略。这其中包括三个层面的内容：立体电商、全程电商以及广泛电商。只有在这三层面有了清晰的认识，传统企业做"触电"才会真正的突破，才有可能取得成功。

当然，我们也欣喜地看到，一些传统企业正在逐步加大互联网的应用程度，从最早卖货，到线上推广品牌，到入驻平台，乃至培育自有B2C网站，在此过程中对于互联网、电子商务的认知也在不断深入，观念也在不断转变。从长远的眼光来看，这些企业开展电子商务是必然的。在当前电子商务业务的开展中，传统企业遇到的思维观念、人才团队等问题，都会在用户需求及竞争环境变化的压力下得到一一解决，同时也将形成未来新的市场格局，与移动互联网企业一较高下。

采用不对称竞争战略，以小搏大

"田忌赛马"的故事家喻户晓：战国时期，齐国大将田忌与齐威王每年举行赛马活动,每次双方各出上、中、下三匹马,一对一比赛三场。因为齐威王身为国家之主,上、中、下各等马的总体实力总是强于田忌,所以每次赛马的结果几乎都是田忌全盘皆输。后来,田忌在著名军事家孙膑的谋划下,加大赌注,改变出马次序:以自己的下马对齐威王的上马,大输一场;以自己的上马对齐威王的中马,险胜一场;最后以自己的中马对齐威王的下马,再胜一场,结果是三局两胜。

"田忌赛马"故事里蕴含的策略学知识就是:要学会打不对称战争。

第一,实力较弱的一方可以通过策略取胜。同样的那三匹马,在孙膑的巧妙布置下,三匹马各尽其能,在整体实力明显劣于齐威王的情况下,却赢得了赛马的胜利。可见,在实力、条件一定的情况下,只要巧妙调度和运用现有的资源,也能收到意想不到的效果。在市场竞争中,弱者千万不可妄自菲薄、轻易放弃,而是应该做到敢战敢胜、以智取胜。

第二,弱者要学会在劣势中找到自己的相对优势,打造自己的核心专长,以己之长克敌之短,从而有效地规避风险。在整体实力不如竞争对手的情况下,田忌没有用自己的良马和对方的良马比赛,而是用自己的良马和中马与对方的中马和下马比,结果赢了比赛。因此,弱者要通过SWOT(态势)分析法,发挥优势或专长,规避劣势或短处,在资源有限的情况下,达到资源的优化配置。

举一个现代企业的案例。面对英国航空公司这家世界上老牌的航空公司,后起之秀英国维珍航空采用的就是田忌赛马的战术向英国航空公司发起挑战。在当时,英国航空公司的头等舱设施豪华,如果与之硬拼,维珍根本不可能有取胜的机会,于是维珍打破航空业的惯例,取消了飞机上的头等舱，把以前用于头等舱的投资全部用于商务舱，安装大规格的睡椅，将商务舱改造得远远超过英国航空公司商务舱的标准，并在服务上进行创新，这样不仅吸引了维珍本身的商务旅客，同时还将英国航空公司及其他竞争对手的经济舱旅客都吸引过来，此举令维珍航空一下子在竞争激烈的航空业取得了一席之地。

第三，从局部角度上说，以弱不可能胜强，实力永远是取胜的基础。《孙子兵法》曰："无恃其不来，恃吾有以待也；无恃其不攻，恃吾有所不可攻也。"田忌最终的获胜不仅是因为运用了"以己之长，攻敌之短"的战略，更关键的因素是田忌拥有可以和齐威王一试高低的马。如果田忌的上等马没有齐王的中等马跑得快，田忌的中等马没有齐王的下等马跑得快，那么无论田忌怎么使用策略，也是必输无疑。那么弱者之胜从何而来？正如德国著名军事家克劳塞维茨所言："你必须通过巧妙地运用你所拥有的一切，而在某一次决定性的地点，创造出一种相对优势来。"集中优势，在局部战场上逐渐蚕食敌人的有生力量，积小胜为大胜，最终改变双方的力量对比，这就是所有策略、谋略的秘诀所在。

第四，清楚对手优势，隐藏自己实力，给对方造成"信息不对称"的引导。《孙子兵法》上说："知彼知己，百战不殆。"正是因为田忌事先知道齐威王的出马顺序和双方的具体实力，而齐威王却不了解对手，双方"信息不对称"，孙膑为田忌设计的"下驷对上驷、上驷对中驷、中驷对下驷"的策略才能有效。所以，充分掌握竞争对手的信息、准确把握对手的目标和动向，也就掌握了竞争的主动权，占据了竞争中的优势地位。

再看看我们国内的一家企业。华为技术有限公司是一家世界级通信网络设备制造企业，也是我国目前最大的民营高科技企业。2015年1月13日消息，华为CFO孟晚舟在经营业绩预发布会上透露，2014年华为全球销售收入预计为2870亿~2890亿元人民币，同比增长约20%。主营业务利润预计约为339亿~343亿元人民币，主营业务利润率约为12%，与2013年基本持平；经营性现金流和资产负债率均持续稳健。

从1987年7月成立至今，短短二十多年时间里，华为在竞争激烈的世界通信网络设备市场上，成长为一家具有国际竞争力的、跨国经营的、跻身世界通信网络设备巨头行列的中国公司，这一现象引起世界范围企业界和管理学术界的关注。人们不禁会问：华为为什么这么成功？华为的战略和管理与西方公司有什么不同？

可以说，华为的成功靠的就是不对称竞争战略。有专家总结，华为的战略管理特色概括为以下几个方面：

（1）实行"压强原则"，重点突破，系统领先。

（2）把战略市场的争夺作为市场营销的重点。

（3）牢牢掌握企业生存与发展的主动权。

（4）"深淘滩，低作堰。"

（5）韬光养晦，以土地换和平。

（6）乱中求治，治中有乱。

（7）以奋斗为本。

（8）以客户为中心。

如今这个世界已进入"非"的时代，力量非对称、竞争非均衡、对策非典型、发展非线性、局势非常态、信息非完备、合约非完全、环境非确定、未来非可测，所有这些"非"，都为中小企业以小搏大、应对不对称竞争战略创造了前所未有的机会和可能，为中小企业的后来居上，提供了更加宽广的空间和舞台。

任何企业都是从小企业成长起来的，面对激烈的市场竞争时，小企业也不是全无胜算。只要练好内功，抓住时机，照样可以脱颖而出，比如思科、谷歌、联想、携程网、如家连锁酒店等这些当年的小企业，现在获得巨大成功就是最好的榜样。

在如今这个移动互联网年代，企业之间的竞争，不一定永远是大鱼吃小鱼，有可能也会上演蛇吞大象的好戏，以小博大的可能也会出现，而这种可能的获得，经常出现在那些善于打不对称战争的人身上。

5年前的核心竞争力？该优化了

免费经济兴起，你还靠那美滋滋地活着吗

如今已经是21世纪，可是很多传统企业的思维还停留在20世纪，其作为收费的主营业务，跨界企业却在这个业务上免费，因为对方根本不靠这个赚钱，你美滋滋地活了好多年，结果到最后都不知道自己是怎么倒下的。最典型的，比如瑞星杀毒软件一直是收费的，而360杀毒软件却一改常态全部免费，于是将整个杀毒软件市场搅得翻天覆地。比如微信免费，这让舒舒服服地收了十几年的通信和短信费的几大垄断通信运营商们大惊失色。

事实上，免费经济早就成为一种商业模式。

我们说一个比较早的例子。1903年，满脑子乌托邦式幻想的软木瓶塞推销员金·吉列已年近50岁，却渴望成为一个发明家。他花四年时间发明的可更换刀片式剃须刀，在最初销售的一整年里，只卖出了51副刀架和168枚刀片。

但随后，吉列所做的事情却创造了一种全新的营销模式。他不惜血本地

将数百万剃须刀低价卖给军队，以期士兵们在战时养成的剃须习惯能够延续到战后。他将刀架卖给银行，后者将其作为礼物派送给新储户。他的剃须刀无所不在，几乎和所有的商品都捆绑在了一起——从绿箭口香糖到咖啡、红茶包，不一而足。这样，仅仅过了一年，他就已经售出了9万副刀架和1240万枚刀片。

吉列开创的这种营销模式为后世的商业留下了一个重要的遗产：<u>提供免费（或者至少是廉价得近乎免费）的平台产品，然后通过耗材、补给或者服务来获得真正肥厚的利润和收入。</u>如今，这个被经济学家称为"交叉补贴"的定价策略几乎在所有产业都已经司空见惯：比如电信公司免费送你一部手机，条件是之后两年你每个月都要充值用来打电话、发信息或上网；咖啡供应商免费给你送一台咖啡机，其实，他的收入主要是靠给你出售咖啡包；惠普打印机那些便宜的才几百元人民币，但打印墨盒才是这家年营收逾千亿美元的公司的重要利润。说到这里，相信你也明白了，为什么当年PlayStation3游戏机刚出来时600美元的售价是个大笑话——游戏机厂商的利润主要来自于从第三方游戏软件中的分成，索尼却执着地要把主机卖个大价钱。

2008年11月，英国蒙提·派森飞行马戏团在世的成员因为他们的表演视频盗版猖獗而被触怒，在YouTube网站上郑重地发表了一则声明：

> 在过去三年里，你们在YouTube网站上占了我们不少便宜，把成千上万段我们的表演视频短片上传到了网站。现在我们决心改变这种局面，眼下该是我们掌握主动权的时候了。

我们可以挖出你们到底是谁，可以找到你们住在哪儿，也可以用令人发指的手段来报复你们。但经过深思熟虑，我们想出了一种更好的方式。我们已经在YouTube网站上开设了自己的蒙提·派森飞行马戏团频道。

求求你们了，别再上传那些画质差得要死的视频片段了。在我们的频道上，你们可以下载到画质很棒的视频，你们可以找到自我们出道以来的很多高质量视频。不仅如此，我们还选出了自己最喜欢的视频短片，也上传了高清晰的最新视频版本。更让你们动心的是，下载这么多精彩内容都是免费的。你还等什么，还不赶快点击我们的频道！

不过，我们也想要一点儿回报。希望你们不要在我们的频道上胡言乱语，不要发一些无厘头的评论帖子。我们希望大家点击频道上的链接，购买我们喜剧短片的电影和电视剧DVD光盘，这样也可以舒缓一下我们这些年被大家占足了便宜而痛如刀割的心情。

仅仅过了三个月，这一看似草率的做法便收到了奇效。蒙提·派森飞行马戏团的DVD光盘销售量跃升至亚马逊电影和电视剧销售榜单的榜眼席位，在一个季度之内销售量令人惊讶地增加了230倍之多。

这就是"赶快点击我们的频道"所迸发出的能量！

通过这个案例我们可以看出，"免费"策略不仅收到了成效，而且十分显著。很多父母都向子女推荐蒙提·派森飞行马戏团经典的《黑骑士》和《该死的鹦鹉》喜剧，因为口耳相传，短短几个月之内就有200万人点击了他们在YouTube网站上的频道。成千上万网友看后还觉得意犹未尽，又订购了他们的DVD光盘。网友回复的视频帖子等在网络上掀起了一股新的流行热潮，他们喜剧中出现的"杀手兔"形象也变得家喻户晓。实际上，蒙提·派森飞行马戏团并没有为赢得这么多的支持者付出什么代价，因为他们宣传所用的频道带宽和储存容量都是YouTube网站免费提供的，他们只是免费把自己的喜剧视频与大家分享而已。

以上这个案例提醒我们其实类似的情形相当普遍，大家已经习以为常了。其实，如今在网络上有很多类似的做法，一些商家通过某种方式免费送给你某样商品，目的是想推销另一种商品。人们也已经越来越习惯不用付费就在网上获得某样商品了。

"不做亏本的买卖"，这是传统经济中的企业赢利模式，而现在新的企业赢利模式就是"免费经济"。其实企业赢利不能就事论事，可以从系统设计来考虑，在一个经营体系中，通过部分免费创造新的收费，从而实现企业新的赢利，这是未来的经商之道。

"免费经济"有多种形式，而且在一直不断创新，网上有人整理出目前业界比较普遍的三种模式，特辑录出来和读者分享。

（1）送平台卖增值服务。

企业建造一个平台需要大量投入，如果收费进入，则把许多客户关在外边；如果免费进入，则把大量客户吸引进来。在免费进入的同时搞增值服务，可以收取有偿服务费，这是行之有效的赢利之道。如建造一个免费开放的公园，这无疑要补贴钱，但可以吸引更多游客来公园，同时在公园里开发新的经营项目，自己经营或出租给他人经营，实践证明这样的经营收入比卖门票要多得多。

（2）送产品卖衍生物品。

有些易耗品本身成本不高但使用成本高，这样就可以把产品送给客户，而在使用成本上收费，从而形成源源不断的现金流。如在前面提到的吉列剃须刀，通过送剃须刀带动刀片销售，这是一个庞大的需求，数十亿的刀片随之卖出。又如咖啡商人无偿为办公室安装精品咖啡机，随之出售昂贵的咖啡粉。当然产品的衍生物品可以是实物，也可以是服务。

（3）送内容卖注意力。

"内容"是一种资源，如电影、电视、游戏软件、音乐等，把这种"内容"免费送给广大客户分享，这就形成了一个庞大的客户群，然后把客户群的注意力卖给他人，最终实现赢利。通俗地讲，就是A请B由C来付钱，即由第三方付费。电视台为大家免费播放节目，通过做广告收费就是这种模式的典范。

在20世纪，"免费"只是一种推销手段，而在21世纪它已经成为一种全新的商业模式。这种新型的"免费"并不是一种左口袋出、右口袋进的忽悠人的手段，而是一种把货物和服务的成本压低到零的卓越能力。

一种商业模式既可以引领未来的市场，也可以挤垮当前的市场——在如今这个现代经济社会里，这并非是信口胡说。"免费"就是这样的一种商业模式，它所代表的正是移动互联网时代的商业未来。

正如美国"互联网营销之父"赛斯·高汀在其畅销书《紫牛》说:"免费，是下一个主流营销思想。"免费经济兴起了，你还靠之前的项目和产品美滋滋地活着吗?

关系营销还能走多远

继电子邮件、BBS（电子公告牌）、微博之后，腾讯公司开发的微信逐渐成为中国网络卖家管理客户关系、与客户沟通交流、分析市场、推介产品甚至直接促成下单购买的平台之一。不少个人也开始利用自己的人脉关系，在"朋友圈"中做起了各种商品的代理商。卖场中活跃的公共账号还同时结合了微博、论坛等来进行网间联动，借此宣传和推广产品。而个人账号更多的是打"人情牌"，利用朋友之间的天然信任关系为自己打开销路。

于是，朋友圈逐渐变成"社交商圈"，不少人不胜其烦，而且做代购的是自己圈子里的朋友，在大大影响了用户体验的同时，也影响了朋友之间的情谊。不少人表示，自己受不了广告轰炸，只好把朋友"拉黑"。

微信营销作为移动互联网时代的一种新型营销模式，其实本质上还是一种关系营销，只不过转移到手机上来了而已。

长期以来，很多传统企业都把关系营销作为主要营销手段，而且一直津津乐道。

"兵马未动，酒肉先行，个个灌醉，路路打通。月朦胧，鸟朦胧，迷迷糊糊签合同。"这是很多传统企业销售做业务的"秘籍"。

其实，一味追求、高估所谓的人脉在销售中的作用，非但不能带来理想的销售业绩和市场效果，反而会对销售人员、企业主及企业带来不利的影响。下面我们来看一个案例：

> A品牌和B品牌均为区域性同档次的名牌饮用水。A品牌是一家原镇办食品厂转制过来的民营企业，从设备到实力均强于B品牌，三年内主管人员走马灯地换了几批，可销量始终不及B品牌。销售员小彭是纯民营企业B品牌的区域主管，是与B品牌一同成长起来的优秀销售人员，毛遂自荐到A品牌。
>
> 业务欢迎会上小彭的发言表现也不俗，从经销商开拓到管理都说得有理有据，并重点分析了自己的优势："区域重点经销商关系够铁、够哥们，我来之前都同他们打过招呼，他们都说会支持我的，我相信××区域在我的主管下一定会取得×××的业绩。"
>
> 如许多新上任的官一样，风风火火的小彭雷厉风行地开始了他的"搬家运动"，用他的原话来讲："让我的经销商转做我司的产品就像搬一次家一样简单。"
>
> 在第二个月报告会上，小彭却带着沮丧的神情开始抱怨：产品包装不行，政策太死板，质量不稳定……当初承诺的内容：一、第二个月会让B品牌的×个经销商转做A品牌；二、转做B品牌的经销商部分用A品牌更换终端，替换B品牌，却

迟迟不见起色。虽然有几家在很短的时间内就积极响应了小彭的"号召"进了A品牌的货，可一次货足足卖了近两个月，第二次进货还是在小彭一再游说下才勉强进的；其中还有两家经销商把进的货放在仓库、厨房里，店面冰箱、冰柜里根本不见影子，只在A公司有终端客户就近转过来要求协助配送时才安排工人去悄悄提货，好像在做贼。经理在回访小彭的客户时发现店面根本没有货，问经销商才知道缘由，并且他们的顾虑也真是让人哭笑不得："小彭这人还真不错，做事很灵活的，他老是说让我们换，可我们现在做B品牌挣钱还行，同B公司关系也不错，他们领导也关心我们，进你们的货真是小彭来了很多次，以前关系又那么好，都不好意思拒绝了，可我们又不能让B公司知道啊，要不背负'不忠'罪名，以后合作都不方便啦！"

可以想象，以这类心态转换的经销商岂能合作长久，带来销量，又岂能指望他们会用A产品更换B产品的终端呢？没有好处，没有让他们看得见、心动的利益，老面子可以换来他们的人，却换不来他们的心啊。

很明显，这是典型高估自己人际关系的个案，小彭也犯了同样的错误，但他忽略了几个重要的问题：

（1）他是同B公司一起成长起来的，对B公司的文化、产品、政策甚至连内在的一些细小运行规则都了如指掌，所以做起事来灵活娴熟、游刃有余。可这一切只能代表过去，换了环境，一切都必须重新观察分析并作出相应的调整，才能以不变应万变。

（2）A公司在几乎所有硬件均好于B公司的情况下，销量仍比不上B公司，一定有其深层的原因，并在一定的时期内仍是合理的，这正如每个行业有它自行的游戏规则一样，每个公司也一定有自己潜在的运转规则，我们要学会体会并融合，这对销售人员尤其重要。

（3）个人能力再强，没有好的平台及相配套的产品、政策，也是鞭长莫及，关系再好也无济于事。有部分客户可能因为曾经熟稔的关系，盛情难却之下入了你的货，其意图却不在合作，因为他们只是在做符合中国人习惯的面子工程，失败在入货的同时就已经注定了。

不可否认，现实中有不少像案例中的小彭一样的销售人员，他们很自信，可是他过多地依赖于既有的人际关系，在行为上表现出很自负的倾向，思想认识常出现极端，一旦他们被曾经所谓"铁哥们"的人际关系主体人拒绝或暂时拒绝，就会武断地认为是客户不给面子、不够意思。多次被拒绝就会逐渐失去耐心，于是激情锐减。这个时候，如果没有适当人员对他们及时进行正确的开导、指引，他们就会迷失。

关系营销本来就是营销的一种方式，从技巧层面说没有对错，但作为营销工作，这种方式不能作为工作的主流甚至习惯，否则就会成为一种弊端。毕竟，客户也有自己的利害关系，很熟的客户在利害面前会轻易地将关系营销拒之门外，而业务员劳累奔波，全身疲惫不说，被拒绝后还会误以为自己功夫不到家而否定自己。

身为管理者或者老板，当你的产品推不出去、卖不动，或其他不良情况出现时，千万不要立刻就找下属，或大发雷霆或辞退，尤其是对那些当初戴着人际关系光环加入的人员，而是要理性地分析对手，深刻地剖析自己，找到解决问题的方案。一叶障目，不见泰山，一味追求人际关系的效益产生，一味着重眼前的既得利益，对于长远营销是无裨益的。

诚信是互联网时代的核心竞争力

随着移动互联网时代的到来，全民的即时的舆论监督成了新常态。监督企业的行为不再是政府执法部门和媒体的职责，广大的消费者都可以是监督者。全民的即时的舆论监督，使得信息传播更加迅速，对于企业的舆论监督更加彻底，企业一旦犯错，如果没有强有力的危机处理能力，不管你是著名品牌还是巨无霸公司，都会陷入万劫不复之境地。

然而，我们不能因此否定互联网或者谈互联网色变。互联网带来的不仅仅是破坏性的颠覆，更是建设性的解放；互联网时代最核心的竞争力不是装高端搞神秘，而是诚信、品质与对消费者主权的尊重。互联网带来的最大变化，是信息更加透明、传递更加快捷，很大程度上消灭了企业和用户之间的信息不对称。互联网让世界变小了，让我们很容易就相识、很容易就重逢。用户与厂商的重逢，意味着其对产品忠诚度的不断提升，并因此带来重复购买。而重逢的地方必然要建立信任。在互联网中，不诚信的逃逸成本很高，甚至可以说是无处遁形。

诚信、品质，以及对用户消费主权的尊重，这才是互联网的本质，是很多传统企业原来就拥有并引以为豪的东西。 互联网大潮水落石出之后，我们就会看到它的基石其实是诚信。

互联网时代，我们回归商业本源，就是立足诚信，做好产品、服务好客户。利用好了互联网，就可以帮助我们极大释放企业原有的价值和正能量。

下面举一个电商的案例。

早几年互联网行业团购概念正热时，曾经涌现很多家团购网站，而如今，只剩下美团网等少数几家。美团网在惨烈的互联网行业竞争中存活下来的秘诀是什么？那就是诚信！

美团网曾经和一家冰淇淋厂商做一次团购，50元钱的冰淇淋团购价只要25元，参与的人约1.1万人。但后来因为冰淇淋厂商的原因，很多消费者兑换不了团购券，于是纷纷去团购网站投诉，埋怨自己被欺骗了。这个时候，一般的公司肯定开始研究危机公关策略，提出不可抗力之类的各种借口以推卸责任。但美团网创始人王兴和高管团队在讨论了两天后，形成了两个结论：第一，美团网为每个消费者补贴25元，让他们还用那个券和码去兑换，为此美团网大概赔了20多万元；第二，美团网要形成一个价值排序，那就是消费者第一、商户第二、员工第三、投资人第四、王兴第五。以后再遇到类似商业纠纷或冲突的时候，全部按照这个价值排序去处理。

当不少团购企业在欺诈消费者的时候，美团网牢牢地抓住了商业的本质、互联网的本质。也正因为如此，美团网不但在激烈的竞争中存活下来，而且成为中国团购业的老大。

做人要诚信，做企业更要诚信。践行诚信是做企业的应有之义，这是符合时代发展需求的、符合互联网精神的，也是符合企业利益需求的。不管是互联网企业还是传统企业，都要学会自律，把诚信作为企业持续发展的核心驱动力，以"诚"必然能获得更大的"成"。

世界巨变，管理也要变

跨界打劫盛宴开始了，快醒醒

2012年，是中国移动互联网的"元年"。当移动和互联网结合在一起，原本清晰的疆域变得模糊起来，在未来的一段时间内，企业跨界将成为常态。

这几年，风头最劲、引起媒体高度关注的手机品牌不是苹果、三星，而是雷军操盘的小米手机。它以"全球主频最快的智能手机"和"售价1999元"两大卖点，红遍网络。成功的秘诀在哪？小米科技总裁林斌所说："我们在用一个运行互联网的方式做手机。"

用移动互联网的方式做手机，或者说"醉翁之意不在酒"的互联网公司还有百度等。而PC厂商也不甘寂寞，戴尔、惠普等纷纷杀入平板电脑领域。一些传统企业则与手机厂商合作，将自己的触角伸入移动互联网领域，具体做法就是在手机里增加相关的应用。

那么，传统企业在移动互联网时代，到底该怎么生存？未来十年，是中国商业领域大规模打劫的时代，所有大企业的粮仓都可能遭遇打劫！一旦人民的生活方式发生根本性的变化，来不及变革的企业，必定遭遇前所未有的劫数！

沃尔玛正在关闭它的多家超市，这个曾经的市值世界第一企业，正在面临醒过来之后如何转身的问题，至于其他的各类商业巨头，很多已经身心疲惫、头昏脑涨，看不清前途，找不到归路。更有甚者，居然还在扩张，还不知道进退！

网上有一篇文章，剖析得相当精彩，可谓字字见血，微信朋友圈里也被无数转载。这里选摘部分出来：

"越来越快的，一切都在一个大规模变革之中，无论是哪一家公司，如果不能够深刻地意识到金钱正在随着消费体验的改变，而改变流向，那么，无论过去他们有多成功，未来都只能够苟延残喘，直到被尘土掩埋。

"跨界者神出鬼没，你都不知道是从哪里冒出来的。创新者以前所未有的迅猛，从一个领域进入另一个领域。传统的广告业、运输业、零售业、酒店业、服务业、医疗卫生等，都可能被逐一击破。更便利、更关联、更全面的商业系统，正在逐一形成。

"机场，不能够是一个娱乐场吗？不可以成为最重要的社交中心吗？微信只是一个萌芽，摇一摇的背后，真正的契机在于，人们正在从家庭、办公室走出来，进入一个极大的、广阔的社交需求时代。

"还在留恋你的路边广告牌？还在把大把的钱投向电视广告？还在以为分众的电梯广告占据了终端？过时啦！要知道，未来谁的WiFi覆盖率越高，谁就越可能占据终端用户的心。租个足够大的数据流量，使人们习惯从你这里进入免费的WiFi，你的广告价值都将无可限量。要知道，这么一招多数人都还不懂。

"酒吧还是酒吧吗？咖啡厅还喝咖啡吗？酒店就是用来睡觉的吗？餐厅就是用来吃饭的吗？美容业就靠折腾那张脸吗？肯德基可不可以变成青少年学习交流中心？银行等待的区域可以不可以变成新华书店？飞机机舱可不可能变成国际化的社交平台？你不敢跨界，就有人敢跨过来打劫，未来十年，是一个'海盗嘉华年'，各种横空而出的跨界者将像马云、马化腾一样遍布各个领域，他们两个只是开了个头而已，接下来的故事，将越来越精彩。"

"跨界的，大多都不是专业的，可能都来自另一个领域。每一个行业，门缝都在裂开，边界也正在打开。要分的，都是传统的、大佬的产业；合的，都是新的商业模式、创新的平台。原认为是不可以的，现在有什么不可以呢？不可以，可能就得退出了。你认为不务正业，有可能你就会无业可务了。"这是时代出版传媒集团总裁王亚非写的一条微博。

数据重构格局，流量带来销量，旧思维逐渐消失，变成移动终端的数据代码。所有的东西都可能要经历一个推倒重来的过程。

在这样的时代背景下，谁能审时度势，谁就能获得无限商机。或许，你的企业有着美丽的花朵，但是缺少往深处扎根的土壤。这些都是你最大的危机：意识不到危机，满足于现状，固守着原有领地，不敢越"雷池"半步。

除了老婆、孩子,一切都要变

成功人士的故事总是被当作传奇被作为案例来分析,他们说的话也被作为圭臬封为经典。

李健熙自从1987年出任韩国三星集团会长以来,便一直为公司的发展前途感到不安,为此经常夜不能寐。然而,每当他和公司内外的人谈到自己的焦虑时,大家都说三星做得已经很好。耳听总是虚,眼见方为实。1993年2月,李健熙会长带领各个分公司社长到达美国洛杉矶,一起目睹三星的产品在国外的境遇。三星集团一名负责人回忆说:"我们去了很多电子卖场和大百货商店,看到三星的电子产品被放在不起眼的角落,无人问津,落满灰尘。而索尼的产品摆得位置很显眼,买的人也多。李会长当场就买了几个样品,回来后拆开发现,我们产品的零件比别人的多,价格却便宜20%。这意味着我们的成本比竞争对手高,却卖不出好价钱。"

身为会长的李健熙更是扪心自问:"我们离21世纪只有7年的时间了,世纪之交世界将会发生多少变革?走向21世纪的三星将如何立足于世界?"美国之行结束后,李健熙随即决定,在三星进行一个天翻地覆的彻底变革。他一气呵成写出《三星新经营》一书,作为企业未来发展的行动指南。他在该书的开篇提出"变化先从我做起"的口号,并作为三星的企业哲学和奋斗精神:以人才和技术为基础、创造最佳的产品和服务、为人类社会做出贡献、积极投身于消费者中间、认识并且迎接来自全球的挑战、为全人类创造更加美好的未来。

他一针见血地指出:在全球一体化时代,品质就是企业竞争力的准星,直接关系到企业的生死存亡。"3万个人搞生产，6000个人搞售后服务，这样的企业拿什么和人家竞争？有品质问题找原因，想办法解决，要让我们的产品达到一流水准。哪怕把生产线停下来，哪怕会影响我们的市场份额。"

为此，他在"新经营"理念中，特别强调以质量管理和力求变革为核心，彻底改变当时盛行的"以数量为中心"的思想。李健熙会长先后同三星1800多名中高层人员一起开会，并于1993年6月7日，在德国法兰克福提出了"新经营"宣言，以破釜沉舟的气势吹响了"新经营"的号角。

一石激起千层浪。"新经营"理念的提出是对三星员工头脑的一次空前冲击，很多人心存疑惑："抓质量，生产量下降怎么办？"一些高层经理人员甚至跑到李健熙的办公室建议说，变化应当是渐进式的，不要一下子就大变。李健熙把这些提意见的人批评了一顿，把那些怎么说也不支持改革的人一律撤换掉。

"除了老婆、孩子，一切都要变。"这是李健熙在韩国引起轰动的一句话。

世界变化之快令人瞠目结舌，尤其进入到"秒变"的移动互联网时代，"优胜劣汰，适者生存"这个自然界的永恒规律的运转被无限加速了。

不少传统企业的老板在移动互联网时代下没跟上节奏。正如海尔集团轮值总裁周云杰在合益集团国际峰会上所说：<u>没有成功的企业，只有时代的企业</u>。"传统世界的领军人物，如果不能够顺势而变，则很有可能被新生力量替代，一个企业在2~3年之间迅速崛起，又在瞬间陨灭的案例屡见不鲜。作为创业者或者企业家，如果不能适应时代变革的节奏，则处境岌岌可危。

这个世界上，没有任何一个人天生就具备优秀的领导素质，想成为一个优秀的领导者，只能在企业的经营管理实践中不断修正自己、完善自己，能根据实际，随时改变现有的管理方法，掌握新的管理技巧，在管理过程中不断调整自己、充实自己，使自身的素质跟上社会的发展。

"除了老婆、孩子，一切都要变。"这句话说起来得容易，但做起来是多何其困难。变化意味着改变自己最拿手的东西、最舒适的方法，甚至是改变已经成为习惯的东西。在这个过程中，你会感觉到"痛"。但是，这些痛，一定是值得的。

未来能持续发展的企业就两类：拥有系统的和花钱买系统的

谁也不能否认，企业"野蛮生长"的时代过去了，那种靠体力、拼苦力、单打独斗的时代已经过去了。在中国，为什么太多的中小企业长不大、活不长？很大一个原因就是过于依赖老板个人的力量。当下的不少中小企业，缺少竞争力、缺少执行力、没有持续发展的后劲。有的企业即使侥幸做大了，但是老板越来越累，效率越来越差。于是有老板感慨，企业在小的时候，赚钱还比较容易，而且没现在这么辛苦，本以为企业做大以后，自己能不再辛苦，也能赚更多的钱。哪知这些都是一场美好的幻想而已。于是，就有的老板开始怀疑起自己的能力，是不是自己管理能力不行、缺少智慧？

其实，人没变，甚至人变得比以前还优秀睿智，但是企业的运作思路变了。只有改变对企业的认知，才能改变过去落后的管理观念。事实上，企业是一个系统，企业只有系统健全，管理规范，才能正常持续稳定健康地发展。

那么，什么叫系统呢？系统是指将零散的东西进行有序的整理、编排，形成其整体性。在数字信号处理理论中，人们把能加工、变换数字信号的实体称作系统。著名科学家钱学森认为：系统是由相互作用、相互依赖的若干组成部分结合而成的，是具有特定功能的有机整体，而且这个有机整体又是它从属的更大系统的组成部分。

什么是企业系统？企业管理系统，是指能够体现企业管理的大部分职能（包括决策、计划、组织、领导、监控、分析等），能够提供实时、相关、准确、完整的数据，为管理者提供决策依据的一种软件。以模块划分，企业管理软件可分为财务管理、车间管理、进销存管理（ERP）、资产管理、成本管理、设备管理、质量管理、分销资源计划管理、人力资源管理（HR）、供应链管理（SCM）、客户关系管理（CRM）等品种。企业管理系统是一套系统，但它不单单是一套系统，更是管理理论和管理经验的具体化、逻辑化，是管理行为的落地。一般管理系统都是进销存、财务、ERP模式。高级的企业管理系统是企业咨询顾问形式的企业管理系统，包括工作分析、绩效考核、薪酬设计、招聘系统、员工培训、生涯规划的制度与方法，能激活企业内在的运营规律，使企业利润倍增、稳定发展。

一家优秀的企业，不能单靠人的忠诚度、情感、血缘关系、信赖度去管理人，也不能纯粹依赖分钱模式去凝聚人，最终还是要**完善管理体系，让企业更有竞争力、更健康，有自己的系统去管理、去竞争、去发展**。著名财经作家吴晓波说："我认为中国从今往后在十年之内，有50%~60%的传统制造业企业迈不过这个槛，但是迈过槛的这些企业在未来都有非常大的前景。未来真正能在中国活下去的是那些专业性公司。另外，你还需要用信息化的革命手段改变两件事：第一是改造企业所有内部流程，进行内部所有的信息化改造。第二用信息化手段再造你和消费者之间的关系。"

下面我们看看享誉物流快递业的顺丰快递是如何应用系统做到腾飞的。以下文章整理自《时代周报》对顺丰的报道和中国大物流网等网站的相关资料。

早在2001年之前，基于市场需要，顺丰就引入了物流行业所需的简单系统，开始了信息化建设，那就是以物流运营全部环节为主体逐步推进信息化。

2003年，顺丰内部开始正式投入ERP系统，顺丰与扬子江快运航空签订了5架包机的协议，第一个将快递行业带上天空，以低价香港件做主打产品，从华南地区横扫华东乃至整个中国区域，完成了全国200多个网点的布局，进入了发展最为迅速的时期。

接下来，顺丰重金聘请了IBM为顺丰的管理架构调整做参谋，IBM派出几十人的团队长驻顺丰。顺丰先后与国际知名企业合作，共同研发和建立了Asura快递业务综合管理系统、CRM客户关系管理系统等35个具备行业领先水平的信息系统。在物流业务量呈几何指数快速增长的情况下，顺丰的信息化系统不仅降低了运营成本，保证每一票件在每一环节的安全，还使得客户对公司的服务和快件安全都充满信心，同时也为上下游工业、服务业等企业的转型升级提供了强有力的支持与支撑。可以说，信息化、系统化真正成了顺丰打造核心竞争力的秘密武器。"十一五"期间，顺丰在信息化方面投入约15亿元，而"十二五"期间预计投入超过50亿元。

据悉，顺丰是目前国内唯一拥有快件全生命周期管理系统的企业，也是唯一收派人员全员配备手持终端设备的企业，保有量超过11万只。顺丰将快件全生命周期划分为客户、收派、仓储、运输、报关这五大环节，截至目前，各个环节的信息化应用都已经取得了成效。

在客户环节，呼叫中心能够做到每一通呼叫都可记录对应的通话原因，每个客户投诉都有完整的处理流程。通过呼叫中心系统数据记录统计，已整理100个左右的解决方案，普通座席人员可以很有信心地处理90%的客户来电，从而降低呼叫中心员工的工作压力，帮助员工提高了工作绩效，也为优秀员工提供了职业发展的空间。

顺丰认为，呼叫中心结合后台的资源调度系统、手持终端系统，能够在快递业务中发挥巨大的使用价值。

在收派环节，手持终端程序的最大优势，就是减少人工操作中的差错，提高操作人员的工作效率。目前，顺丰使用的第四代手持终端系统，使收派员的工作效率提高了20%以上。

而在仓储环节，顺丰的全自动分拣系统能连续、大批量地分拣货物，并不受气候、时间、人的体力等因素限制，可以连续运行。同时，由于自动分拣系统单位时间分拣件数多，因此，自动分拣系统每小时可分拣7000件包装商品。如用人工则每小时只能分拣150件左右，并且，分拣人员不能在这种劳动强度下连续工作8小时。此外，自动分拣系统的分拣误差率极低。自动分拣系统的分拣误差率大小主要取决于所输入分拣信息的准确性，顺丰的全自动分拣系统采用条形码扫描输入，除非条形码的印刷本身有差错或损坏，否则不会出错，系统识别准确率高达99%。

在运输环节，GPS（全球定位系统）对车辆的动态控制功用，完成了运输过程的透明化管理，可以对运输方案、车辆配置及时中止优化，运输成本综合降低25%。

在报关环节，数据交换采用加密机制，从根本上保证了数据信息安全，并能统一办理录单、审单与清关流程，提高了报关及时性，降低了物流通关风险。

在先进高效的信息化系统支撑下，顺丰的市场占有率持续上升。2011年全国市场占有率超过1/5，快件时效领跑全国，成为名副其实的"速递"。更为重要的是，物流成本得到有效控制。

讲完顺丰，我们再来看看中国经济网记者报道采访的三一重工是如何利用信息化打造智慧企业的。

当你走进三一总装车间18号厂房，映入眼帘的不像是传统的工程机械制造厂房，而更像是一个大型计算系统加上机械化的操作工具、大型生产设备的智慧体，每一次生产过程、每一次质量检测、每一个工人劳动量都记录在案。

作为亚洲最大、最先进的智能化制造车间，18号厂房经过智慧化改造后，在制品减少8%，物料齐套性提高14%，单台套能耗平均降低8%，人均产值提高24%，现场质量信息匹配率100%，原材料库存降低30%，效率和效能都得到了极大的提升。

从超级工厂升级到智慧工厂，从IT工具的运用到推动企业智慧化运营，这些成果都可以归结为信息化的力量。

1. 信息化闭环打造"三一信息化模式"

实际上,18号厂房只是三一大力推进信息化,促进企业升级转型的一个缩影。

早在1994年,三一就开启了信息化建设的大幕,大规模使用CAD(计算机辅助设计)制图、SAP(企业管理解决方案)系统、财务核算系统等信息化应用,节省设计时间的同时,其图纸管理、生产物料管理、财务系统等工作的效率也得到了提升。

1999年,伴随着上市的步伐,三一开始建立数据中心,将数据化管理逐步贯彻到公司的日常经营中。OA(办公自动化)系统和全球视频会议系统的应用,使三一的管理能力进一步得到提升。

2004—2008年,从发展需要考虑,三一在设计上开始从二维向三维进行转变,在管理上则逐步从CAD向领先的PDM(产品数据管理)过渡。随着三一的国际化进程,三一实施了SAP ERP(企业资源计划系统)替换了BW(商务信息仓库)系统,系统应用开始从国内延展至国际。在这一时期,三一通过建造ECC(错误检查和纠正)企业控制中心,开始了车联网的应用,将数据化管理进一步向客户端延伸。正是因为有了信息化的强力支撑,当期三一销售突破100亿元。

2009—2012年,随着经销商管理系统、供应商管理系统、人事系统、财务分析系统、MES系统(制造执行系统)的进一步升级,三一的信息化能力更加强大。在此基础上,三一建立起亚洲最大的数字化工厂。

2013年至今,三一进入了新的信息化阶段。公司启动了流程信息化变革，以期借此打破信息化发展与业务脱节的问题，实现信息化与工业化的深度融合。信息化建设的主导部门也从IT部变为了流程信息化总部，信息化应用与业务流程开始建立有机的联系，并统一了思想、目标和节拍。目前，三一已对公司的业务、流程做了整体规划，明确了公司业务的几大核心流程，如研发与创新流程、商务制造流程、营销与服务流程等。同时，三一也在借鉴其他优秀企业的经验，将流程的主干脉络梳理清楚，从而使信息化跟业务达成一致，有机结合起来。

从实践中来，将信息化做成"有源之水"；到实践中去，将信息化作为"源头活水"，进一步渗透并打通企业各项业务，不断修正、完善、循环，形成从客户端到客户端的闭环，这就是属于三一的信息化模式。

2. 信息化推动三一转型升级

提及信息化的成果，信息化给予三一带来的变化是全方位的，并在很大程度上推动了三一的转型升级。

据了解，目前在国内工程机械行业，国产品牌在与国外企业的竞争中占据优势的一个重要原因，就是国外企业决策链条较长，而国内企业的相对较短，很多事情能快速做出决策。三一信息化的推进，实现了企业的扁平化管理，三一最高层可以很方便地与基层进行沟通。这种改变公司组织架构的方式，使信息沟通更及时、顺畅。

信息化还进一步推动了三一产品性能和质量的提升。三一的产品在研发过程中，要进行模拟设计，通过有限元分析，在电脑里面进行全方位的模拟，可以提前发现质量、故障等问题，这对产品开发周期、成本、质量等的管理工作都有一个非常大的提升。

同时，通过信息化，三一还创造了更大的顾客让渡价值。信息化的发展催生了个性化的服务，客户购买的不单是一台设备，还有良好的用户体验。设备上的传感器传回设备的运行状况，可以得知设备是否正常运行，如果有异常的可能，公司会派服务工程师去检查。如此一来，三一就可以知道客户施工车辆在全国的分布，比如在某个区域施工非常多，然后根据这个区域，配置更多的服务资源，这样就可以极大地缩短服务时间，提升服务体验。此外，在现场遇到解决不了的问题，服务工程师可以用手机拍下图片传回公司，研发人员会协助一起解决问题。这就是信息化移动终端的运用。

实际上，从前端市场信息的搜集到产品研发再到商务采购与制造，最后到后端的产品销售与售后服务，三一通过信息化实现了产品全生命周期的管理。

从发展趋势上看，信息化将解决生产制造过程中社会资源的有效分配问题，即产能过剩的问题，甚至可以改变公司的社会生产形态。随着信息技术的发展，企业间的合作与协作会不断提升，生产制造自动化的程度会不断提高，产品自身的智能化程度也会不断提高。信息化将推动生产的过程从机械化向自动化再向智能化转变。三一在这股信息化大潮中充当了排头兵的角色。

行业专家也认为，在整个行业增速出现疲态的大背景下，三一的信息化给企业带来了深刻的改变，或给三一的发展带来更大的增长潜力。

由此可见，企业要做久做强，就一定要遵守市场规则，通过信息化建设完善自身的管理系统，提高自身的实力。企业要努力摆脱单纯依赖能人效应，因为能人不好找，更是有风险的；努力通过人治走向法治管理，让普通员工也能做好事、做对事，离开谁都正常运作。这虽然需要投资，还需要花时间和精力，但竞争力提升了层级，方能确保企业厚积薄发、有序经营。

众所周知的麦当劳和肯德基这些餐饮巨头，连锁餐饮分店遍布世界各地，你认为是各家店长厉害，还是这些门店后面的管理运营系统更厉害？竞争对手是用心在挖角这些巨头的店长，还是在用心在学习他们的管理运营系统？

在未来，能持续发展的企业就两类：拥有系统的和花钱买系统的。你，准备做哪一类呢？

3

掌控：营销CPU核动力，驱动业绩增长

中国的企业界不是缺少营销的理论支持，而是营销理论太多、太杂、太乱。本来很简单的营销，被我们人为地复杂化了，于是反而导致很多企业无所适从。中国改革开放三十多年的时间，走过了西方发达国家一百多年的发展历程，在学习西方的过程中，我们随意"下载"国外的营销理论，企业家的脑袋成了营销理论的"回收站"，市场成了随意"点击"的试验田，产品和服务本来有足够大的"硬盘"空间，但是由于营销系统配置与"CPU"不匹配，导致企业在新时代、新形势的竞争中败下阵来……

增强系统的力量——升级企业信息系统

在本书的第一章"失控"中，我们提到，在如今这个后危机时代，企业尽管不会一下子破产，但是固有危机并没有消除，很多危机暗流汹涌，企业慢慢进入失控状态：团队失控、绩效失控、过程失控、风险失控、利润失控、健康失控……

为什么会失控呢？其实都是因为在做决策、做管理、做运营中，过度地守旧而不是创新，人治而不是系统管理，随意性太大，缺乏制度的严谨性和政策的连贯性。

很多传统企业的运营模式被深深地打上了老板个人的烙印，一切政策的制定和执行都带有老板自己的价值观色彩，但人都是有缺陷和有局限性的，不能保证老板不出问题，就算一时不出问题，也不能保证一直不出问题，这样企业是很难做大做久的。一个百年企业，一定是靠流程、靠制度去管理，也就是要靠系统来持续运转的。只有依靠系统的力量，企业才能基业长青，才能做大、做强。

在移动互联网时代，如果能**以数据为依据，用系统来管理**，那么企业家们就不必闹心团队失控，不必费心绩效失控、不必操心过程失控、不必忧心风险失控、不必痛心利润失控、不必担心健康失控……

接下来的章节里关于数据与系统的内容，将会详细告诉你怎么做，让你你的企业管理不再失控、失灵。

现阶段传统企业信息化应用的问题

先进的信息管理技术系统作为一种先进的管理思想和手段，它所改变的不仅仅是企业表层上的一个组织行为，而是**从思想理念上更新和剔除管理者的旧观念，注入新思想**。从这个意义上讲，不管是国外的信息管理技术系统，还是国内的信息管理技术系统，先进与否关键看其体现出的管理思想与社会环境的发展契合度是高还是低。

据调查显示，目前我国制造业企业只有10%左右实施了ERP和CRM方案，6%左右实施了SCM方案，绝大多数企业的信息化水平还停留在文字处理水平，财务管理、办公管理、人力资源管理等也仅仅停留在信息共享的层面上。企业运营与管控、企业的决策与战略实施、经营成果与效率分析等方法比较落后，由于缺乏信息化、智能化的管理技术与手段，企业创新力普遍不强。企业要快速发展，就要不断地创新，而要创新就要不断寻求新的方法与工具，在当前企业管理体系中的主流是智能化管理系统。

1. 认识问题

企业的信息化,对管理人员和员工而言首先是认识上的考验,领导要破除过时的管理思想,客观地认识信息化并给予足够的重视,对企业信息化的必要性、紧迫性有充分认识,对信息化可能的投入有充分的预估,从整体上对信息化建设进行规划。员工也应该克服对信息化管理的抵触,消除信息化是对他们职业的冲击的不正确的认识,积极配合管理人员尝试新的管理方法。管理人员不仅需要将新的管理方式引进企业,结合企业自身情况予以调整,以更好地适应企业,还要对企业员工进行充分的培训,让员工能掌握软件的操作流程,完全接受信息化给工作上带来的变化。从上到下配合一致,才能使信息化得到良好的推进。

2. 配套问题

信息化管理软件与企业运作不配套,软件的价值以及对运作环境的要求过高,与企业规模和要求不匹配,导致与企业的运作不相容,如果企业不作任何可行性研究,不考虑企业自身的情况盲目引进,企业就得不偿失了;企业的流程和管理与信息化管理不配套,传统的企业都有一套固定的流程,和信息化管理的流程截然不同,甚至是冲突的,如果不能从根本上改变一些与信息化流程不适应的地方,新的管理模式的推行很难有实质性的效果;企业信息化建设与企业基础信息资源不配套,有的企业信息来源不够全面,数据传输渠道不够畅通,数据缺乏真实性、准确性和规范性,与先进的、标准化的信息化建设不匹配。

3. 管理问题

虽然企业在信息系统开发方面投入很多，花费了大量资金、人力和时间，在单项应用上取得了一定成效，但没有实现信息的交流和共享，反而构筑了多个相互独立的信息孤岛，信息孤岛使大量的信息资源不能充分发挥应有的作用，效率低下，严重阻碍了信息化建设。显然，信息孤岛并不仅与软件产品有关，也与实施、应用有着紧密的关系。即使是集成度很高的软件产品，若按照传统的管理模式实施，同样也会导致信息孤岛。最终导致没有产生预期的效益，使企业承受巨大的风险和高额的代价。实际上，从管理的角度来看，信息技术的应用应该是用来满足管理的关键需要；从技术角度看，管理要纳入信息系统的规范运作，将先进的管理思想不断地融入信息系统之中。信息化管理对企业是一种截然不同的管理方式，应该请除企业和软件开发销售商以外的第三方、专业的管理咨询公司来对企业从管理的角度提出专业的意见，重新设定资源、人员组成、业务流程以及信息化需求，而不是向软件开发商提出简单的要求，这样信息化的效果将大打折扣。

4. 人才问题

当下不少传统企业都比较缺乏高水平的系统管理与网络管理人才，现有的员工信息化素质也普遍不高。从整体上看，企业的信息化程度不高、应用面偏窄，信息化进程较慢。据相关资料显示，我国中小企业中，只有38.1%的员工能熟练使用，50%的员工只能用计算机进行一般的操作。当前我国企业信息技术人才只占企业员工总数的0.72%，而既懂IT技术又懂业务流程管理的复合型人才更加奇缺。要知道，企业的信息化，不单单是会使用电脑，而是要通过使用电脑来进行管理、分析，为企业发展献计献策，提高工作效率。然而，目前传统企业的信息化管理水平还比较低，员工信息化素质更是需要进一步提高。这也是当前传统企业所面临的问题。

大数据对传统企业的价值

传统企业很少能对业务运营和客户交互的细节了如指掌，更谈不上对它们进行精确分析，进而得出真正有客观依据的正确决策。随着大数据的发展，越来越多的企业认识到了数据带给他们的价值，大数据不仅可以通过自动调节给企业管理带来深远影响，而且可以通过追踪用户行为实现产品和客户服务的个性化定制。

大数据对于企业的价值大概可以包括这些具体的方面：支撑企业的战略决策，实现决策的自动化，开发依据数据的可靠的创新产品，促进已有产品的销售，获得更多的客户，提高对顾客的个性化服务水平，进行产品的基础性研究，对产品功能进行监视和检测效果，强化企业内部管理治理等，基本上涵盖了企业的所有行为。比如，大数据会根据用户的偏好，告诉市场人员使用什么样的营销策略更有效，会根据客户喜好重新设定产品的上架位置，使用哪些独家优惠，使用何种服务能产生更好的效果，客户偏好哪种支付方式能够快速达成交易，达成交易的可能性有多大，重复消费的概率有多大。还会根据顾客的周期需要和成长变化的需要自动调整策略，让销售者在提供有针对性的交易内容给特定用户时更得心应手。

大数据对企业的价值奠定了其成为企业核心资产的潜质，越来越多的企业开始重视寻找如何搜集数据和分析数据，并利用它们给企业带来价值。

沃尔玛是最早通过利用大数据而受益的企业之一。早在1969年，沃尔玛就开始利用计算机来跟踪存货，运用计算机控制库存。如今，沃尔玛整个公司链条都充斥着数据的身影，从条形码扫描，到安装卫星系统实现双向数据传输。它拥有着全世界最大的数据仓库，在数据仓库中存储着数千家连锁店在65周内每笔销售的详细记录，业务人员通过分析购买行为更加了解他们的客户，从而提供最佳的销售服务。

中国移动通过大数据分析，对企业运营的全业务进行针对性的监控、预警、跟踪。系统在第一时间自动捕捉市场变化，再以最快捷的方式推送给指定负责人，使它在最短时间内获知市场行情。

大数据考验着企业的智商和运用新技术的能力。这种能力的有效发挥，将帮助企业作出正确的决策，寻找到通往成功的最佳路径，给企业带来难以估量的价值。通过利用大数据分析的威力，可以充分发挥信息的优势，更具颠覆性的改变是，企业可以从过去被动地使用数据、了解过去的经验教训，转变为主动使用大数据中包含的见解，主动预测和把握将来的机会。

信息系统的有效性大于全面性

我曾经接触过这样一个案例：

张先生创立了一家以贸易为主的数码配件公司，一年时间企业已发展到了50人左右，企业经营手机保护皮套、保护膜等，线上线下的渠道都建立起来了，但公司员工流动频繁，使得生产销售总是不那么顺利，张先生开始多方打听，着手引进一部分管理人员，这意味着必须对工作进行重新分配。这不是什么大问题，张先生很快在企业内按职能分成了销售部、产品事业部、财务部、人事行政部等几大部门。

即使这样，情况似乎并没有好转，员工的流动性依然很大，工资不合理、薪酬太低、干得不开心，随便什么都可能成为员工离职的原因，人事行政经理一年之内连续换了四位，问题几乎成了死结，但这并未能阻止张先生发展企业的雄心，他决定亲自带领几位经理来提升管理。

他制定了一个三十多个部门的组织结构图，找朋友要了一套岗位职责，关起门来照猫画虎整理出了自己企业各岗位的职责，然后让产品经理把公司的流程都画了一遍，一个完整的雏形几乎成形了，前后大概用了一个多月时间，张先生很得意，信心满满，剩下来就是按此执行了，他心想员工流失的问题一定能得到解决了。那么，他能如愿以偿吗？

做企业的实质是什么？这就像一个四轮车模型的拼装过程，以什么方式来打造这个模型，打造好以后它运转的速度、效率如何？我们可以把这称之为管理的有效性。显然，如果你拿一张四驱车顶级改造型的图纸去做初级改造，你会发现因缺乏很多部件，根本无从下手，就如张先生画的三十多个部门组织结构图，平均一个部门一至两人，甚至有些部门连人员都没有，工作基本开展不起来，所以这样的架构其意义是不大的，照搬别人的制度设计其可行性就更存疑了。

企业并非不要管理，不要的只是"烦琐的管理"，管理过程中的有效性大于全面性。尤其对于小企业而言，管理上重要的是扩大部门内涵而减少外延，增强协同，让流程清晰化、工作标准化、员工技能标准化，从而使企业具备快鱼效应。

在企业日常管理中如此，信息系统也是一样，有效性大于全面性。那么，如何做到有效性大于全面性呢？我认为要做到以下几点：

1. 转变决策者的意识

企业信息化作为"一把手"工程而存在，所以决策者应该转变其认识，从根本上适应智能化时代的需要；实施信息化并不是一套管理软件就可以解决的，实施信息化就是对管理体系以及业务流程进行革新。决策者应该掌握在实施信息化过程中哪些管理体系以及业务流程与其不相匹配，还要亲自带领员工实施信息化。同时，决策者们一定不要忽略了信息化的技术应用，详细情况要和企业的战略层面相契合。只有决策者有了足够的意识，实施信息化的过程才会更加顺利。

2. 变更管理体系以及业务流程

事实上，企业信息化就是一次改革，它需要变更以往旧的管理机制以及业务流程。企业决策者应该关注管理体制并进行变更。由于在改革过程中，有些人的利益将会受到损害，只有改善阻碍信息化的相关管理体制，企业才能顺利重组业务流程，防止反复实施以及流程反弹的情况发生。重组企业业务流程,就是改善一些工作流程,这样企业内信息流、物资流以及现金流在运转中才会更加完善。企业需要在业务流程的实施下从根本上改造旧业务流程,用信息化所需要的业务流程来代替。

3. 专注是制胜法宝

这是一个"信息过剩"的时代,也是一个"注意力稀缺"的时代,在"无限的信息"中攫取"有限的注意力",就要求我们对于各种海量信息必须能够"一击即中"。专注便成为竞争制胜的重要法宝。少即是多,只有专注才能解决当下的迫切需求,也只有专注,才可能将事情做到极致。只有做到极致,才能在大数据时代获得并积累竞争优势。

就如同企业应用销售系统管理软件一样,究竟是利用软件监督员工的行为抓行踪过程,还是引导员工使用软件掌控客户资源;究竟决策层只需要通过软件了解业务进展情况和客户成交业绩,还是借助软件深度挖掘客户价值,进一步分析产品竞争力;究竟是使用多个软件求面面俱到,还是在单一软件功能上取得突破……企业必须在充分了解自身需求的基础上有的放矢,才能事半功倍。

上海有一家做工业设备的企业,由于老销售人员的流动导致企业原有业绩从1.1亿元下滑到7000万元,公司老板对人员流失带走老客户深恶痛绝,决心引入销售系统管理软件,几年时间前后引进多个系统,包含ERP/CRM等,甚至还有定制开发的新系统,四套系统的使用架起了企业安全防火墙,业绩逐步恢复,人员流失减少,特别是增加了售后人员对老客户的跟踪服务之后，老客户流失减少。但同时也造成信息孤岛的情况，多个软件各有优势可无法兼容，信息资料的录入全部依赖销售助理，间接的人力成本也是不小的开支，并且多数是重复劳动，人员效率远未最大化。

总之，在这个各种成本上升的时代，"小而美"胜过"大而全"。人的精力是有限的，人的智慧也是有限的，企业的信息系统建设不能过度追求全面性，要知道，贪多嚼不烂。企业升级信息系统，不是要把所有的信息数据全部采集进来，这样只会增加很多工作量和浪费不必要的人力、物力、财力。正确地把握"三用"原则——易用、喜欢用、有用，在纷繁的数据中整理出我们真正需要的信息，基于这些信息的系统才具有真正的力量。

永远记住一个真理：有效，有效，有效。有效才是硬道理。

营销CPU核动力系统

众所周知，营销是企业生存的根本。营销系统也是本土企业的薄弱环节，以往粗放的销售管理导致的"重业绩，轻管理"不能适应新常态的市场竞争，"砸广告，拼价格"的市场策略更不是长久之道。

这些年，笔者联合营销业界资深专家和企业经营者，针对制造、工程机械、IT、教育培训、快消品、家居类等行业，面谈走访数十家企业，就中国企业目前的销售管理、产品运营和市场策划等问题，共同探讨分析。结合西方管理思想和理论框架，嫁接本土企业特点和实际应用层面，推出企业营销CPU核动力系统。

今天的市场竞争再也不是"左手广告，右手价格"的野蛮生长时期。当具备团队、产品、市场这些基本硬性条件后，CPU（中央处理器）的功能就显得尤其重要。"营销CPU核动力系统"集合营销决策、客户价值挖掘、产品竞争力分析、渠道终端渗透管理以及营销信息数据采集五个方面的功能，集合发挥营销系统中央处理器的作用，结合云端的信息系统，可以相对低廉地构建企业的信息管理体系，通过掌握在手中的智能终端有效采集业务信息，做到信息实时同步，决策精准，协助企业提升业绩、提高竞争力。

图3-1　"营销CPU核动力系统"五大功能

营销决策：基于客户生命周期管理

营销的对象是客户，那么营销决策当然就是针对客户而定。营销决策的实施其实涉及客户的很多方面，本书囿于篇幅，这里选取客户生命周期管理来进行阐述。

客户生命周期是指从企业与客户建立业务关系到完全终止关系的全过

程，是客户关系水平随时间变化的发展轨迹，动态地描述了客户关系在不同阶段的总体特征。客户生命周期可分为相亲阶段、约会阶段、热恋阶段和分手阶段四个阶段。相亲阶段是客户关系的孕育期，约会阶段是客户关系的快速发展阶段，热恋阶段是客户关系的成熟期和理想阶段，分手阶段是客户关系水平发生逆转的阶段。

1. 相亲阶段（考察期）

第一个阶段是考察和试验，就像相亲一样，双方考察和测试目标的相容性、对方的诚意、对方的绩效，考虑如果建立长期关系，双方潜在的职责、权利和义务。评估对方的潜在价值和降低不确定性是这一阶段的中心目标。在这一阶段，客户会尝试性地下一些订单，企业与客户开始交流并建立联系。因客户对企业的业务进行了解，企业要对其进行相应的解答，某一特定区域内的所有客户均是潜在客户，企业的投入是对所有客户进行调研，以便确定出可以开发的目标客户。此时企业有客户关系投入成本，但客户尚未对企业做出大的贡献。

2. 约会阶段（形成期）

相亲满意了，就进入约会牵手的恋爱阶段，双方关系能进入这一阶段，表明在考察期双方相互满意，并建立了一定的相互信任和相互依赖关系。在这一阶段，双方从关系中获得的回报日趋增多，相互依赖的范围和深度也日益增加，逐渐认识到对方有能力提供令自己满意的价值（或利益）和履行其在关系中担负的职责，因此愿意承诺一种长期关系。在这一阶段，随着双方的了解和信任的不断加深，关系日趋成熟，双方的风险承受意愿增加，由此双方的交易量不断增加。当企业对目标客户开发成功后，客户已经与企业发生业务往来，且业务在逐步扩大，此时已进入客户成长期。企业的投入和开发期相比要小得多，主要是发展投入，目的是进一步融洽与客户的关系，提高客户的满意度、忠诚度，进一步扩大交易量。此时，客户已经开始为企业做贡献，企业从客户交易中获得的收入已经大于投入，开始赢利。

3. 热恋阶段（稳定期）

在这一阶段，双方不仅仅是约会，还有更深入的接触，开始迈入卿卿我我的热恋阶段，双方或含蓄或明确地对持续这种关系作了保证。这一阶段有如下明显特征：双方对对方提供的价值高度满意；为能长期维持稳定的关系，双方都做了大量有形和无形的投入；交易量大。因此，在这一时期，双方的相互依赖水平达到整个关系发展过程中的最高点，双方关系处于一种相对稳定状态。此时企业的投入较少，客户为企业做出较大的贡献，企业处于较高的赢利时期。

4. 分手阶段（退化期）

就算是步入婚姻殿堂还有触礁的时候，更何况还是恋爱时期，稍有不慎关系就转为微妙，熟视无睹、不加紧维护，关系终将破裂。关系的退化并不总是发生在稳定期后的第四阶段，实际上，在任何一个阶段关系都有可能退化。引起关系退化的原因有很多，如一方或双方存在一些不满意的经历、需求发生变化等。

分手阶段的主要特征有：交易量下降，一方或双方正在考虑结束关系甚至物色候选关系伙伴（供应商或客户），开始交流结束关系的意图，等等。当客户与企业的业务交易量逐渐下降或急剧下降，客户自身的总业务量并未下降时，说明客户已进入衰退期。

此时，企业有两种选择，一种是加大对客户的投入，像初恋时一样，约会、鲜花、礼物不能少，重新恢复与客户的关系，进行客户关系的二次开发，有时候与客户的爱是可以重来的。另一种选择便是不再做过多的投入，渐渐放弃这些客户，既然不是你的菜就算了，好聚好散，不做情人还可以是朋友。

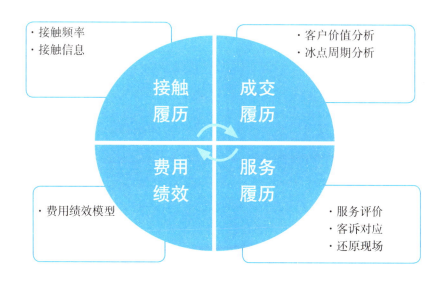

图3-2 "营销CPU核动力系统"的客户生命周期管理功能

企业的两种不同选择自然就会有不同的投入产出效益。当企业的客户不再与企业发生业务关系，且企业与客户之间的债权债务关系已经理清时，意味着客户生命周期的完全终止。此时企业有少许成本支出而无收益。

客户生命周期的不同阶段，客户对企业收益的贡献是不同的。

在相亲阶段（考察期），企业只能获得基本的利益，客户对企业的贡献不大。

在约会阶段（形成期），客户开始为企业做贡献，企业从客户交易获得的收入大于投入，开始赢利。

在热恋阶段（稳定期），客户愿意支付较高的价格，带给企业的利润较大，而且由于客户忠诚度的增加，企业将获得良好的间接收益。

在分手阶段（退化期），客户对企业提供的价值不满意，交易量回落，客户利润快速下降。

根据客户生命周期理论，客户关系水平随着时间的推移，从相亲阶段到约会阶段、热恋阶段直至分手依次增高，热恋阶段是理想阶段，而且客户关系的发展具有不可跳跃性。同时，客户利润随着生命周期的发展不断提高，相亲阶段最小，约会阶段次之，热恋阶段最大。

客户成熟期的长度可以充分反映出一个企业的赢利能力。因此，面对激烈的市场竞争，企业应该借助建立客户联盟，针对客户生命周期的不同特点，提供相应的个性化服务，进行不同的战略投入，使企业获得更多的客户价值，从而增强企业竞争力。

客户价值的挖掘

客户价值的挖掘是企业与客户之间从建立业务关系到终止业务关系的整个过程。比如在以前使用手工管理的时候，因为种种限制，导致客户价值难以挖掘。潜在客户、意向客户、初次购买客户、历史客户是四个同台的过程，在不停地转换，若采取手工管理，那么销售管理人员就难以分配销售人员的工作，很难抓住重点。

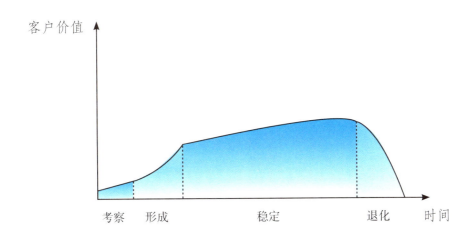

图3-3　客户价值与客户生命周期的关系

客户价值的挖掘是承接营销决策和营销信息数据采集的中间环节，做好了这点，我们的这个CPU核动力系统才会完整。

下面我再举个例子来加以说明：

针对不同阶段的客户，企业通常会采用不同的营销决策。对于那些已经有意向购买的客户，为了让他们下订单，企业的订单定价会比较低，甚至以成本价格销售，因为只有一次成交了，往后才有再合作的可能。在生产旺季的时候，企业的重点服务对象肯定不会是那些潜在客户或者意向客户，而是历史客户或者购买客户，因为潜在客户或者意向客户转化为企业真正的成交客户，需要一定的周期，而且，包括样品制作等，都需要花费比较多的时间，企业在生产经营旺季抽不出更多的时间花在他们身上。此外，对于第一次购买的客户，企业一定要给予更多的关注，订单的质量和交期都不能出现问题，要不然的话，客户难以成为回头客，那么企业以前所做的努力也都会付之东流。

要实现上面的需求，单是靠手工来进行管理控制，很明显是无法管理过来的。只有通过系统化的管理控制，才能做到不遗漏任何一个客户。

而如今利用移动营销系统工具的话，一切都会随之改变。在移动营销系统工具中，客户的四个发展阶段可以通过图形的方式直观地显示出来。

与此同时，还会显示每个阶段客户的接触履历信息，还原客户的现场记录，比如只要点一下购买客户的图标，就可以打开客户名单列表，方便销售人员及管理层进行查询以及操作。

图3-4　客户接触信息

还原客户现场这项功能的价值还可以扩展到售后或维修人员。公司层面记录资料具有分析客户价值的作用，销售人员可以作为记忆存储用，可以回忆以往现场点滴，增加与客户沟通的亮点。

利用移动营销系统工具，便于对客户的发展阶段进行调整。如将初次购买客户转化为历史客户，企业用户可以设置系统自动调整，也可以用户手工调整。而且，系统还可以记录客户在转换过程中的重要事件。如销售员为什么会认为该客户可以从潜在客户转化为意向客户了,或者从意向客户成为成交客户。这个功能对于销售员的业绩考核非常重要,因为提高客户转化率是非常关键的,这个话题在后续内容中会重点阐述。

图3-5 还原客户现场

客户的成交价格需要哪一级管理层审批（如图3-6所示），可以做到实时同步，不是非得靠电话或回来请示才通过，这样能有效提高公司审批速度，大大提高工作效率。另外，客户一年中的成交记录都能储存下来，能为进一步分析客户价值提供参考。尤其是哪些客户出现冰点状态（冰点指客户二次成交时间已冷却一段时间），需要迅速调整对策，是上门沟通还是进一步做调整，销售管理层可实时调控销售对策。

图3-6 客户成交价格审批

除了便于查询和调整客户生命周期的各个阶段，**移动营销系统工具最重要的功能是可以针对不同阶段的客户推出不同的销售策略**。如对于初次购买的客户，销售经理可以给负责他们的业务员更加灵活的价格权限，如可以下调销售价，以方便产品进入竞争对手市场；如在旺季快来临时，可以督促业务员去攻坚意向客户与购买客户，而旺季来临后，则给予历史客户更多的关注；如在企业淡季时，让业务员多去开发潜在客户；等等。有了系统生命周期管理模型，一切都变得有可能。销售经理或者销售总监，只要动动手指输入手机，就可以了解客户生命周期的运行情况，并采取对应的策略来促进生命周期的进程。

正如台湾著名企业家郭台铭所说："**搞不成功的企业，要么是离员工太远，要么就是离客户太远**。"离客户越近，越能做到实时的信息分享与交流，更精准地给予一线销售人员支持和帮助，这样才能准确了解不同生命周期客户的价值，并给予更周全的维护。

费用绩效模型是反映销售周期内产生的个人那部分的费用与实际绩效的模型，可用来做费用开支的比较分析，以达到"合理的开支不能少，无谓的浪费浮出水"的管理效应。

在这有个公式：工作效率=工作成果/时间＋资源占用。

上面所说的资源既是客户资源，也是企业内部资源，包含费用资源。这个模型对业务人员及非业务人员的工作绩效评估都有价值。同样是看数据说话，工作效率可以按业绩衡量，也可以按工作结果衡量，按劳分配不是按劳动过程分配而是按劳动结果分配。

过去投资者仅评估企业提供纵向系列产品的的品牌经验，不论是直接与公司接触，还是通过各种分销渠道（如通过独立零售商、小商贩、经销商或经纪人），客户都需要高质量的、可预见的体验，并希望接触高品质的产品和服务。

如何实现数据采集的有效和精准

不管是什么企业，都想赢得目标顾客，从而赢得期望的利润。通常企业营销的做法是机关枪扫射，海陆空全覆盖。这样做，宣传的覆盖面确实达到了，但是这样就要支付很高的成本，不是所有的企业都可以承受如此高昂的宣传费用和剧增的人力成本，"人海战术"的销售模式无异于是慢性自杀行为，会吃掉应有的利润空间。那何不改为"点射"，通过对客户进行筛选从而实施精准营销，直接命中目标。

由此可见，营销不难，难的是营销得"精"而"准"。深度的、精准的数据挖掘可以有效地帮助企业规避潜在的风险，优化企业品牌价值，保持企业和用户的紧密联系，节约企业未来可预期的营销成本。

可是如何确保数据采集的有效和精准呢？首先要让企业的工作流程都能够以数据为中心，让数据说话成为核定工作结果的标准，这样可以直接形成员工的工作习惯，确保采集数据的有效与精准；其次是管理层的督促作用不容忽视，这和以往信息系统应用效率不高是有关系的，员工会做你检查的事和自己喜欢的事，缺少督促检查，让督促只是一种管理愿望的话，再好的系统也无法使愿望实现；最后，当然是操作层愿意主动地去实施，去采集。这就和软件使用的便捷灵活与否以及是否给员工的工作带来实用价值有关，否则应付差事也在所难免。

下面我从销售管理的角度来具体举例说明：

一家公司的员工可以分为三个层面：操作层即一线销售人员；管理层即销售管理人员，包含销售主管、经理、销售总监；决策层即销售系统决策层，包含销售总监、负责销售的副总、总经理等。

操作层一线销售人员在面谈客户时需要及时将客户信息输入软件，这就需要借助移动互联网的功能，用手机终端非常便捷地录入客户信息。如果客户现场移动终端有手机LBS（Location Based Service，基于位置的服务）功能，就可以把约见客户的时间、地点通过照片准确上传公司后台做备份，这样就能确保客户接触过程中的有效和精准。

每次的客户拜访面谈和电话沟通都可以简单记录，一是确保接触客户信息的记忆和更新，二是有效证明工作结果，三是针对每一家客户都有一份客户接触履历，完整保留客户接触信息对企业的价值很大。

正因为操作层一线销售人员及时地还原了客户现场，决策层做销售漏斗分析时就可以更直观、准确地进行销售预测和客户评估，从而制定下一阶段的产品策略和市场策略。

此外，销售管理会议也可以用来实现数据采集的有效和精准。销售管理会议要求每个人用数据说话，摒弃以往靠感觉、效率不高的过场会。只要用数据开会，每个销售人员用自己一周或一月的客户接触履历汇报工作，就很难出现缺少数据和应付差事的情况。如果遇到销售人员有抵触情绪，就对他讲"除非你百分之百完成业绩，可以放低要求，不然就得严格遵守公司的规定"。因为不是每个销售人员都能顺利完成每月的销售业绩，这就使得采集数据的有效和精准可以得到进一步的保障。

决策层还可以安排销售进度中涉及的客户服务部门及相关技术部门（如安装维修部门）同样应用客户数据，这些部门从中会发现数据准确与否并对其进行完善，从而弥补一线销售人员原始数据的不足，确保最终的客户数据有效与精准。

崛起于阡陌，决胜于市场，当精准营销时代来临时，传统粗放经营模式受到挑战，而纯粹照搬西方管理模式又证明无法适应内销的中国市场环境。**结合西方管理思想理念，应用先进信息系统，以本土员工实际特点为起点，按中国式的管理逻辑抓数据、抓落实，给企业决策提供价值数据，是系统供应商和企业需要共同走的路径。**

产品竞争力分析：波士顿矩阵

产品竞争力分析，目前管理界最经典的运用模型是波士顿矩阵。

波士顿咨询集团是世界著名的一流管理咨询公司，于1970年创立并推广了波士顿矩阵，又称市场增长率－相对市场份额矩阵等，如图3-7所示。

图3-7 波士顿矩阵

波士顿矩阵用来帮助管理层对多种产品的组合进行分析,以提高企业整体的财务业绩。波士顿矩阵的纵坐标表示产品的市场增长率,横坐标表示该产品本企业的相对市场份额。

市场增长率=(本期的销售额-上期的销售额)÷上期的销售额(高低分界点无绝对的标准)。

市场份额是指一个企业的产品或者服务在特定市场中的销售收入占所有在这个市场中销售收入总额的百分比。相对市场份额能够通过比率来评估,同最大竞争者的市场份额进行比较。

相对市场占有率＝本企业某产品的市场占有率÷该产品最大竞争对手的市场占有率（以1为高低分界点）。

根据市场增长率和相对市场份额的不同组合，可以将企业的业务分成四种类型：问题业务、明星业务、现金牛业务和瘦狗业务。一个企业的所有业务，都可以归入这四种类型。

1. 问题业务

所谓问题业务，是指高市场成长率、低相对市场份额的业务。这往往是一个企业的新业务。为发展问题业务，企业必须购买或租赁办公场地，增加设备和人员，以便开发出产品和服务开拓销售市场，并与同行的对手进行各种竞争，这些都意味着大量的资金投入。"问题"二字十分贴切地描述了企业对待这类业务的态度，因为这时企业必须慎重回答"是否继续投资，发展该业务"这个问题，是把它当成一个困难的问题还是当成一个机会的问题。那些符合企业发展长远目标、企业具有资源优势、能够增强企业核心竞争力的业务都会选择后者作为答案。

2. 明星业务

所谓明星业务，是指高市场成长率、高相对市场份额的业务，这是由问题业务继续投资发展起来的，可以视为高速成长市场中的领导者，它也有可能成为企业未来的现金牛业务。但是，这并不意味着明星业务一定可以不断地给企业带来利润，因为市场还在成长，企业需要继续投资，以保持与市场同步增长，而且还要打败竞争对手。一家企业如果没有明星业务，那就是没有希望的，但是明星业务太多，也可能会让企业高层管理者眩晕了眼睛，导致其做出错误的决策。这时，就要具备识别"行星"和"恒星"的能力，把企业有限的资源投入在能够发展成为现金牛的恒星上。

3. 现金牛业务

所谓现金牛业务，是指低市场成长率、高相对市场份额的业务，是成熟市场中的领导者，是企业现金的来源。这个时候的市场已经成熟，企业不必投入大量资金来扩展市场规模，同时作为同行中的领导者，该业务享有规模经济和高边际利润的优势，因而能给企业带高额的利润。企业往往用现金牛业务来支付账款并支持其他三种需大量现金投入的业务。

4. 瘦狗业务

所谓瘦狗业务，是指低市场成长率、低相对市场份额的业务。一般情况下，这类业务常常是微利甚至是亏损的。瘦狗业务之所以存在，更多是由于感情上的因素，虽然一直微利经营，但就如同人对养了多年的瘦狗恋恋不舍一样不忍放弃。瘦狗业务通常占用着企业的很多资源，如资金、管理部门的时间等，大多数情况下是得不偿失的。

通过波士顿矩阵的应用，我们可以分析一家企业的投资业务组合是否合理。如果企业没有现金牛业务，说明它当前发展缺乏现金来源；如果没有明星业务，说明在未来发展中缺乏希望动力。企业的业务投资组合一定要合理，否则就得加以调整。

在明确了各项业务在企业中的不同地位后，就需要进一步明确战略目标。通常情况下，有下列四种战略目标分别适用于不同的业务。

1. 发展

发展就是继续大量投资，扩大战略业务单位的市场份额。这种战略目标主要是针对有发展前途的问题业务和明星中的恒星业务。

2. 维持

投资维持现状，保持业务单位现有的市场份额，这种战略目标主要是针对强大稳定的现金牛业务。

3. 收获

收获现有成果，在短期内尽可能多地获得现金收入，这种战略目标主要是针对处境不佳的现金牛业务及没有发展前途的问题业务和瘦狗业务。

4. 放弃

出售和清理某些业务，将资源转移到更有利的领域，这种战略目标适用于无利可图的瘦狗业务和问题业务。

例如：A公司是国内一家专业制造厨房设备的企业。以下我们引入波士顿矩阵，来对A公司的业务组合和投资排序进行详细分析。

第一，业务组合分析。利用业务组合分析法进行业务发展排序，是以"企业的目标是追求利润和增长"为前提的。对于拥有多项经营业务的企业，可以选择将获利较高、潜在增长率不高的业务所创造的现金流，投向那些增长率和潜在利润都很高的业务，从而使资金在企业内部得到最有效的利用。表3-1列出了各类业务的相应要求及其可采取的决策。

表3-1　不同业务相应的决策选择

业务类型	现金源	利润率	对策选择	需要投资
明星	零或略小于零	高	维持或提高市场占有率	高
现金牛	为正数且大	高	增加市场份额	高
瘦狗	正数	低或负数	收获/放弃/清算	不需投资
问题	为负数且大	零或负数	拉高市场占有率	非常高
	正数	低或负数	收获/放弃	不需投资

对A公司的三大业务进行波士顿矩阵分析，我们用成长性指标作为市场增长率的代表指标；以各项业务的投资规模、营业收入和利润等营利性指标，

以及A公司各项业务在各自细分行业中的竞争格局和参与度,来描述该业务的市场份额。

A公司目前是国内制造经营厨房设备的专业公司,专业洗碗机业务的市场份额很高,在国内处于领先地位,且其投资规模、营业收入和利润额都大大高于A公司其他两大主营业务。相应的,A公司开水机业务和厨房冷柜业务目前的投资规模、营业收入和利润额都较低,且A公司的厨房冷柜目前还只是投参股,A公司并没有直接运营厨房冷柜。开水机业务也是A公司近几年才发展的产业,由于国内开水机同类产品众多、参差不齐,其投资规模和市场参与程度都比较低。据此,可以认为,A公司厨房冷柜和开水机业务的市场份额均不高。

表3-2 公司各业务市场增长——市场份额表

业务	市场增长率	市场份额
洗碗机	较低	高
开水机	高	较低
厨房冷柜	较高	低

根据表3-2,就可以确定A公司三大产业在波士顿矩阵中所处的位置及其业务的性质。以纵坐标表示市场增长率,以横坐标表示相对市场份额,以三

个圆圈代表本企业三大产业的位置（圆心坐标）和规模（面积），圆面积与投资规模和营业收入成正比。A公司三大业务的波士顿矩阵如图3-8所示。

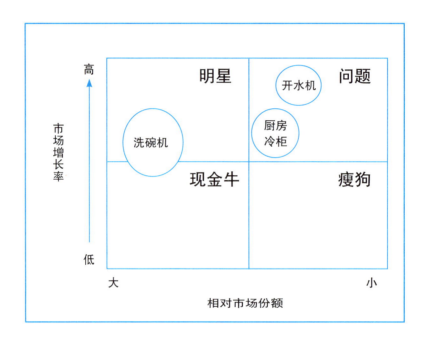

图3-8　A公司三大业务的波士顿矩阵

从图3-8中可以看出，A公司有两项问题业务，即厨房冷柜和开水机业务。厨房冷柜目前只有参股项目，现有投资规模最小，市场份额最低；开水机业务未来总投资规模较小，其已投入运营的投资规模高于厨房冷柜，现有市场份额要高于厨房冷柜。

A公司的洗碗机业务兼具明星业务和现金牛业务的特征，但其市场增长率远远低于A公司的厨房冷柜和开水机业务。由于洗碗机业务在国内市场发展已较为成熟，A公司基本处于领先地位，市场份额非常高。

第二，公司业务的投资及市场决策排序。根据前面的波士顿矩阵分析，已经得出：A公司的厨房冷柜和开水机业务属于问题业务，洗碗机业务介于明星业务和现金牛业务之间，更偏向于明星业务。为了明确这三项具体业务到底应采取怎样的投资决策，我们还需要分析投资环境。A公司的洗碗机、厨房冷柜、开水机业务都具有良好的发展前景，现金流比较充裕，融资能力强，因此，在未来可以对三大业务均采取扩大投资的政策。同时，鉴于三大业务的产业规模、赢利能力存在差别，如果A公司存在资金不足，则应优先发展赢利能力（或未来赢利能力）较强的开水机业务和洗碗机业务，其次再投资发展厨房冷柜。

通过运用波士顿矩阵分析，使A公司明确了公司定位和发展方向，对于企业投资和市场倾向的选择起到举足轻重的作用。但波士顿矩阵仅仅是一个工具，企业的发展规划还取决于其他很多因素，外部的市场环境和内部资源整合利用都直接影响到企业的发展，如何提高企业自身的核心竞争力和扩大市场份额都是企业能在激烈竞争的市场中立于不败之地的关键。

渠道终端渗透：戴明环过程管理

为了更好地解释渠道终端渗透管理，我们这里用戴明环来说明。

戴明环又叫PDCA循环，是美国质量管理专家戴明博士提出的，它是全面质量管理所应遵循的科学程序。全面质量管理活动的全部过程，就是质量计划的制订和组织实现的过程，这个过程就是按照PDCA循环，不停顿地、周而复始地运转的。

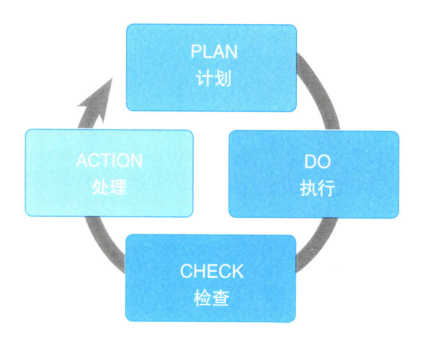

图3-9 PDCA循环

P（计划PLAN）：从问题的定义到行动计划。

D（实施DO）：实施行动计划。

C（检查CHECK）：评估结果。

A（处理ACTION）：标准化和进一步推广。

PDCA循环是一种能使任何一项活动有效进行的合乎逻辑的工作程序，特别是在质量管理中得到了广泛的应用。

以下是我为一个企业做咨询时的情境再现。看完这个案例，我们再来探讨戴明环PDCA是否可以应用在销售管理的过程中。

> 王总监：指标7000万元，已经完成5820万元，需要业务跟进，目前差距1180万元。
>
> 陈老师：确保完成的具体措施有哪些？
>
> 参会高层管理人员无语，面面相觑……
>
> 陈老师评语：对潜在意向客户无法提供有效数据，使得对下一阶段销售进展无法做出有效预测，这就会导致第4季度的工作重心不够明确，即使拿出具体措施，也是拍脑袋决定的。
>
> 那么，如何确保第4季度再完成1200万元？陈老师讲解了"客户分类，逐级管理"的方法，即先盯目标客户群分析，再来谈市场对策，后是激励方法跟进。

张总经理：

（1）盯北上广深江浙客户群的待定单，安排具体事项；

（2）针对大客户年终进货提供政策支持；

（3）大区经理候选人选的激励；

（4）年终奖励可预期达成的人协助解决手头客户困难。

采用如下步骤：

（1）先电话核实各区域每个人的目标达成率，做出公司待定单统计表；

（2）针对待定单情况修正年终关键经销商价格政策；

（3）大区经理候选人逐个沟通并进行激励，每周电话跟踪；

（4）北上广深江浙区域重点锁定一类待定单客户；

（5）统计数据，年终冲刺1200万元。

时间节点：

（1）9日上午9:00打完电话，17:00回复待定单；

（2）10日、11日两天把待定单总体统计整理出来；

（3）13日制定出关键客户经销商年终政策；

（4）16日前明确大区经理和北上广深江浙区域业绩突破点。

确保1200万元的补救措施：

待定单统计完后按区域分配给张总经理、王总监、赵总

> 监，三人协助所辖区域，确保待定单的完成，经商议形成PK形式的竞赛。
>
> 张总经理负责：华东、华中区域，PK金15000元。
>
> 王总监负责：华北、东北区域，PK金10000元。
>
> 赵总监负责：西南、华南区域，PK金10000元。
>
> 活动截止时间：2014年12月31日

从以上案例不难看出，其过程管理是粗放的，缺少数据做支撑，所谓的管控工作也就是"凭感觉、拍脑袋"，无法有效掌控渠道终端事件的发生。工业企业里改进与解决质量问题，赶超先进水平的各项工作，都要运用PDCA循环的科学程序。如果该理论观点是得到认可的，跨界应用到销售管理上也未尝不可，只要目的是一样的。因为从销售管理的角度来看，目标确定不是最困难的，难的是一年中的300天如何去实现目标。如果过程错了，结果怎么可能是对的呢？渠道终端的渗透管理尤其重要，要想结果达到预期，必须重视过程管理。

PDCA循环，可以使我们的思想方法和工作步骤更加条理化、系统化、图像化和科学化。它具有如下特点：

大环套小环，小环保大环，互相促进，推动大循环。

PDCA循环是爬楼梯上升式的循环，每转动一周，质量就提高一步。

PDCA循环是综合性循环,四个阶段是相对的,它们之间不是截然分开的。

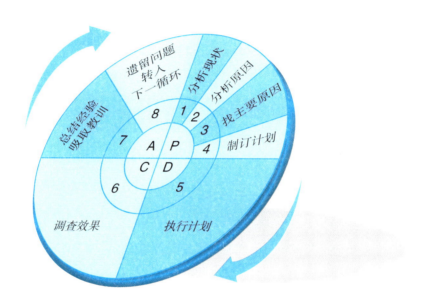

图3-10 PDCA循环在营销过程管理中的应用

落实到营销过程管理中,我们将PDCA循环分为七个步骤形成循环管理系统。

步骤一：分析现状，找出问题。

发现问题是解决问题的第一步，是分析问题的前提。要想发现问题，必须对现状有精准把握，并有发现问题的意识和能力。不能发现问题，除了粗枝大叶的管理习惯之外，就是对业务流程不够熟悉，管理基本功比较薄弱。

出现业绩问题有多方面的因素：外部政治、经济环境的变化，竞争对手的变化，局部市场的动态，企业内部管理的衔接，内部员工的状态，等等。抛开外部政治、经济环境的变化，单看竞争对手的变化和局部市场的动态，这就要求一线主管经理要清晰市场。同行不是冤家，平日要有所走动，获取经济情报才有依据。此外，还需掌握竞争对手的信息，包含工资待遇、销售政策、市场手段、产品价格，做到知己知彼，才能找到对策。

若是属于内部问题，无论是企业内部管理的衔接，还是内部员工的状态，都要有"找原因"的思维，摒弃"找凶手"的做法。针对上一销售阶段的结果，分析下一阶段的改善之处，无论是年度、季度，还是月度都是如此。

这就突出了业务会议的重要性，因为如下几个步骤都是要通过业务会议进行沟通分析的，例会要定期召开，质量要有保证，真正让例会不流形式，贯彻落实到位。

步骤二：分析产生问题的原因，并找出主要原因。

找准问题后分析产生问题的原因至关重要，可以运用头脑风暴法等多种集思广益的科学方法。例如，销售团队遇到以下这些问题，就需要针对性地去商议解决。

（1）为何业务员良好的状态不能持续？

（2）为何接触客户的量不多？

（3）为何解除客户异议的能力不强？

（4）如何捕捉更多的客户信息？

（5）如何分析业务困惑、客户需求？

（6）如何帮助新员工快速成长，马上出单？

（7）战而无果的原因究竟是什么？

（8）直接有效的签单方法有哪些可借鉴复制？

（9）业务员常犯的错误和心理障碍是什么？

（10）业务主管常犯的错误和管理误区是什么？

找原因，找对策，对症出招，才有针对性。当问题暴露时，无法解决所有问题，就要甄别什么问题是主要问题，抓住团队发展的核心，次要问题可逐步解决，甚至在工作中规避和克服，防止其扩大化。

真相往往都在终端、在细节中暴露。

阶段性的管理工作如果不往下做，不往终端去寻找，就很难发现问题，问题的真相也很难暴露。

如图3-11、图3-12所示是两种分析问题的方法，供大家借鉴。

图3-11 通过绩效看板分析团队业绩和个人业绩

图3-12 通过工作量和未达标情况找问题

步骤三：拟定措施、制订计划（5W1H）。

5W1H即：为什么制定该措施（Why）？达到什么目标（What）？在何处执行（Where）？由谁负责完成（Who）？什么时间完成（When）？如何完成（How）？措施和计划是执行力的基础，要使其具有可操性。

计划P（PLAN）又可以分成P1、P2、P3，它们分别代表以下含义：

P1是在本年度或者本季度，企业需要做成什么事情，达成什么目标，制定出一个大的销售框架计划；P2是将这个整体的框架计划细化成具体的目标，并配以相应的指标，给出具体销售计划；P3是销售人员最终的行动计划，并且配有日程表，给出员工每月、每周甚至每天的具体工作安排，以利于计划的有效执行。

根据以上思路，我在给一些企业做过程管理指导时，经常会建议销售管理者可以根据公司的要求，结合成功销售人员的经验，将销售流程进行总结：第一，把销售流程分成不同的阶段，并制定每个阶段的目标；第二，分解每个阶段中需要完成的任务，包括有哪些交付物、里程碑等，并与每个阶段、每个目标相关联。这样整个销售流程都变得可视化了，变得简单清晰。即便是最初级的销售人员，也可以清楚地了解从接触客户开始，他会经历哪些阶段，需要实现哪些目标，需要完成哪些任务，需要交付哪些文档，等等。

运用5W1H的方法，销售管理者可以通过借助移动营销系统工具将目标可视化，进度公开化，考核明确化，将不易复制的经验标准化，此举不仅有利于销售人员清楚地看到每一次商机的进展过程、所处阶段，而且能够帮助公司其他同事快速学习和掌握销售流程，真可谓一箭双雕。

步骤四：执行计划。

高效的执行力是组织完成目标的重要一环。

"Do"是具体的日程表工作安排，是销售人员的执行部分。

营销团队在执行过程中应该同样有计划、有安排，销售人员的精力分配和时间安排就显得尤其重要。学会自己掌握时间、自我安排进度是成熟销售人员必须要做到的，只需向公司管理层报备就可以了。实施太多监管，只会抹杀员工的创造能力，所以填写销售日志或周报不应该是监管手段，而是要让员工学会有效安排精力和时间。

图3-13　工作日志与工作周报

销售人员的管理一定是有张有弛的。给销售人员足够的空间去发挥，才能使其具有创造性，管理者只需监督工作结果就行。我讲课时总提：要么把业绩给我，要么把工作量给我。至于工作量是什么时间完成的，就没有必要严格要求，否则员工就会觉得没有自由。甚至员工也未必到公司打卡才算是上班，多少人打完卡又在磨洋工，打卡若已经流于形式，不妨变通一下，手机也能打卡，汇报在哪里、在干什么，顺手拍照上传证明一下就可以，请假方式也可以如此变通。

图3-14 请假记录与请假查询

不只是打卡、请假这样的事情，通过移动营销系统工具，客户的销售进展情况，拜访成交客户情况及应收账款，甚至连销售人员累计一年的销售行为都是可查询的，有了统计数据，过程管理就变得具体并具有可行性了。

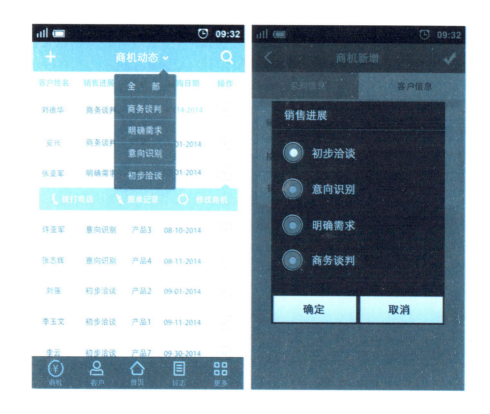

图3-15　客户的销售进展情况

说明：图3-15中"初步洽谈""明确需求"等字段是企业自定义的，仅供参考。

图3-16 拜访成交客户情况及应收账款

图3-17 销售人员业绩查询及统计分析

步骤五：检查验证、评估效果。

"CHECK"是指在销售工作进行过程中，对销售执行过程的定期检验，并且可以有效地实施绩效考核。

"**如果你强调什么，你就检查什么，你不检查就等于不重视。**"IBM前CEO郭士纳的这句话将检查验证、评估效果的重要性一语道破。下属只做你检查的工作，不做你希望的工作。

三令五申未必有用，一经检查便出成效。

建立"业务盘点制度"，月度小盘点，季度大盘点。小盘点指抽查个别人，大盘点是人人都得查，都必须过关，并且不是单独查询而是开会一起盘点，用数据说话，用事实验证。

"业务盘点制度"可分为以下几个部分实施。

（1）确定销售线索有效。

首先，我们看一下如何计算销售线索（Sales Leads）数。

过去签单率$= X\% = \dfrac{完成客户数}{销售线索数}$，

季度销售目标$= S$，

平均成交额/客户$= D$，

季度需要完成客户数$= \dfrac{S}{D}$，

季度需要销售线索数$= \dfrac{S}{D} \div X\%$，

每月需要销售线索数$= \dfrac{本季销售线索数}{3}$。

在这里需要注意一点，计算时应考虑销售的周期，至少提前一个季度开始计算并实施挖掘销售线索的计划。

图3-18 销售线索与客户转化关系

表3-3 销售线索数量计算表

季度：＿＿＿＿＿　辖区：＿＿＿＿＿　时间：＿＿＿＿＿
过去签单率=
本季销售目标=
平均成交额/客户=
本季需要签单客户数=
本季需要销售线索数=
每月需要销售线索数=

其次，我们要规避挖掘销售线索活动存在的三大误区：

①没有事后检讨活动的真正效果。应对线索的数量、质量，营销活动的花费及动用资源进行考察。

②没有统一追踪销售线索的下落。有些销售线索有进无出，销售人员私自保留；有些销售线索无疾而终，客户备受冷落。

③没有将信息输入系统中。数据不全，难于管理。

最后，我们了解一下销售线索挖掘方法的评估事项包括哪些内容：

①总成本：每次活动的总费用。

②数量：每次活动带来的线索数量。

③平摊成本：平摊到每个线索的费用。

④时间：每次活动进行准备及实际操作的时间。

⑤质量：按照过去经验，销售线索变成签单客户的成功率。

⑥资源：所需人力、设备等资源。

（2）客户分类管理。

在销售实践中，客户分类管理主要是指漏斗销售管理。

漏斗销售管理又称销售漏斗、销售管线等，形容销售过程就像是一个大漏斗，经过一层一层的过滤流动，最后从底部的漏斗口漏出来的，就是成交的客户。而处在最顶端的一层，就是销售线索或可能销售的机会。

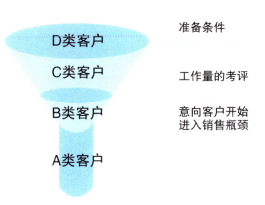

图3-19 漏斗销售管理

漏斗销售管理可以让我们有效地管理每一个客户。通过定期的客户跟进,来决定客户是向下前进一步,还是向上退一步,从而直观地掌握客户的跟进情况,有利于动态监控客户状态,从而提高客户管理开发效率和转化成功率。

客户分类管理指对客户进行分类定级，定期对每一级的客户跟进处理，并根据跟进结果，来确定该客户新的到达层级。我们可以看看表3-4、表3-5。

表3-4　某业务员一个月理想的客户储备情况

客户类型 \ 客户数量 时间	第一周	第二周	第三周	第四周
D 储备客户	100	100	100	100
C 兴趣客户	3	8	15	15
B 意向客户	0	2	6	2
A 准（签约）客户	0	0	0	1

表3-5 各类型客户的量化标准

客户类型	储备客户	兴趣客户	意向客户	准(签约)客户
量化标准	1. 有电话联系记录 2. 相关负责人固定电话、手机等资料齐全 3. 一周内可拜访 4. CRM系统内有登记	1. 客户已经了解产品资料 2. 本人对产品产生兴趣 3. 需要和具体负责人再次沟通汇报 4. 可以提供方案	1. 立案计划书已给客户 2. 客户对核心条款已认可 3. 见到相关决策人且认可方案 4. 客户还需要走相关审批流程 5. 预计一个月内签约	1. 方案通过可以起草协议 2. 协议已签章或回传 3. 第一笔预付款在一周内到账

应用销售漏斗管理可以预测下一阶段的销售业绩，进行售前工作评估，安排货源和生产周期。然后管理者应根据工作计划和检查结果制订被检查者的下期行动计划和行动要点，用明确的工作量为实现工作计划和解决存在的问题提供保证。

图3-20 利用销售漏斗管理进行销售业绩预测

（3）召开业务盘点会。

为了保证数据不失真，我们建议在销售管理中定期召开业务盘点会。业务盘点会议的意义在于：

①掌握每个销售终端的商机有多少。

②了解各销售员的工作日程和时效。

③掌握商机、提案、报价等重要信息。

④修正销售过程中比较薄弱的关键环节。

⑤累积经验、改善过程管理并与团队共享。

销售过程从简单来讲，就是如何从初次获得客户信息到成交的过程。过程细节虽看似千变万化，但其本质万变不离其宗，都是需要通过与客户的不断接触，了解客户的需求，最终通过满足客户的需求，达到成交的目的。同样的过程，不同能力的销售人员所带来的结果是完全不同的，这就要求销售管理者，不仅需要知道是过程中的哪些内容造成了二者之间的不同，更要知道如何将成功的经验进行复制。要让销售人员知道，业绩不是纯粹靠努力就能达到的，成功都是逼出来的。做不到，一是心太软，二是偷懒。

不只销售管理，在其他管理工作中，同样不能有安排没有检查，有布置没有落实，而要以"高质量、高效率"的责任感落实管理措施，推动企业发展。管理措施要到位，就要在任务分解、流程监督、细节监控、岗位互控、痕迹落实、绩效考核上下工夫；就是在工作中采取过程管理和监督的方式，在执行过程中采取跟进式考核，在注重结果考核的同时，更注重过程考核，落实每个阶段的完成情况，确保工作执行到位。同时，使人员认识到自身角色的重要性，通过不断地宣传、启发、激励、示范和校正，引领下属将工作做好、做细、做实。只有这样，检查才能顺利进行，过程管理和监控才能到位。

步骤六：总结经验，吸取教训。

"ACTION"是对目前发现的各种问题进行修正和改进。

在修正问题的时候，无论是外部还是内部因素导致，多问"为什么"，要具备"修路"的思维方式。

"修路"指的是如果一个人在同一个地方摔了两跤，或者，如果两个人在同一个地方都摔了一跤，那么面对上述情况，大家通常会想：这是因为人有问题，还是因为路有问题？若单纯强调人有问题就会忽略道路是否通畅平整。这个路指的是制度、流程、管理等方面的问题。管理者的管理核心是修路，而不仅仅是理人，看问题的表象。"修路"的思维是思考问题背后的实质，解决问题背后的问题。比如我们说"执行力差"，就要跟剥竹笋一样层层剥离问题，不断思考"为什么会这样"，是因为缺少流程，缺少责任人，疏忽检查，还是因为指令不一致？可是为什么没有责任人呢？是因为没有明确职责，缺少授权，还是有其他原因。就像这样层层剖析问题直到我们找到问题核心，然后去解决它、改进它。

将改进的地方实行标准化、工具化是维持企业治理现状不下滑，积累、沉淀经验的最好方法，也是企业治理水平不断提升的基础。可以这样说，标准化是企业治理系统的动力，没有标准化，企业的改进就不会顺利，甚至会下滑。

下面举个例子。某家企业销售人员对产品不熟悉，又分散在全国各地，培训辅导都是问题。解决这个问题就不能单纯强调主动性，这没有任何意义，还不如"修条路"让员工自觉自发地认真学习产品。可以把各类别产品拍摄成视频，每个产品的拍摄控制在8分钟之内，配有图文解说，介绍相关技术信息。再针对每个产品出80~100道题做题库用。这样就可以将视频刻成光盘寄到各地供员工观看，并且每个人通过网络抽取10~15道题目考试，每个员工抽到的题目不一样，采用开卷考试的形式，但要做完这些考题，必须看视频4~5次以上才可以。这样"修路"既节约管理人员的精力，又能够达到预期效果，还能够大量复制，标准化后实现工具化。

步骤七：处理遗留问题，重复循环。

所有问题不可能在一个PDCA循环中全部解决，遗留的问题会自动转进下一个PDCA循环，如此，周而复始，螺旋上升。

PDCA系统的特点在于循环，循环起来有几个步骤：

检查→总结经验→提出新问题→找问题→找原因→找要因→定计划→执行→检查→总结经验……

就这样，不断循环，不断试错。管理是循环往复、不断修复完善的过程，目的就是使目前的水准在PDCA系统的不断循环下，让改善后的水准迈上一个或好几个新台阶。

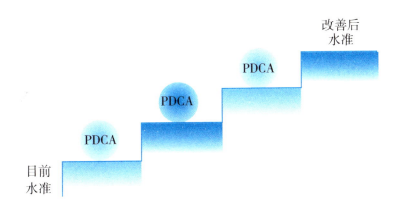

图3-21 科学的工作循环周期

管理本身就是一个不断修正、不断重复的过程,简单的事重复做,不断改善。比如说销售工作中的渠道管理,其实就是不断修正和改善的过程。

在不少企业中,由于渠道管理存在一些难点,导致厂商对市场需求判断和生产安排造成一定的误判。以我们多年的管理咨询实践,我们发现这些难点有:

①网点太多,管理链条过长,执行起来鞭长莫及,厂家的促销政策没有完全投放到店面。

②渠道掩盖了市场终端需求真实的变化。比如由于渠道滞销压货或鼓励性政策的进货,虽然从对厂商报表数据看已实现销售,但产品实际上没

有最终销售到终端市场。比如前两年某著名酒厂实施促销政策，经销商进了很多货，但由于社会环境打击吃喝风，经销商并未实现酒品销售，而酒厂没有及时掌握经销商终端的销售信息，对市场判断过于乐观，未及时调整后续产能计划，导致库存积压严重。

因此，厂家、渠道、终端的数据一定要进行直连，这样，才真正实现有效的过程管理，并且做到掌控自如。

这里所举的渠道管理案例只是PDCA循环系统在销售系统中的应用之一，其实PDCA的运用可以无处不在。这就需要管理者多加揣摩并在实际工作中严格执行了。PDCA循环系统在销售系统中的变通应用，可以有效实现渠道终端的渗透管理，使得管理透明化、公开化，这也是"营销CPU核动力系统"助力企业营销管理落地的关键步骤。

相信系统，但不盲目迷信

没有一种管理方法是万能的

管理不是某个单纯的工具或手段，而是一套完整的系统。管理是指通过计划、组织、领导、控制及创新等手段，结合人力、物力、财力、信息等资源高效地达到组织目标的过程。

企业管理虽然不是万能的，但是拥有好的管理体系，能使企业管理者实时掌握自己企业的发展情况，同时根据社会变化及时调整发展战略等，为企业的生存发展提供保证。

管理只有跟经营结合、跟资源匹配起来才有价值，经营是目标，管理是手段。任正非曾经说过："我们现在买一双'美国鞋'（西方鞋），中国人可能穿不进去，在管理改进和学习西方先进管理方面，我们的方针是'削足适履'，对系统先僵化，后优化，再固化。"

当然，不迷信管理理论并不是全盘否定，而是客观、正确地认识管理理论的作用。企业家要相信管理、相信系统，但不迷信管理、迷信系统。

1. 不要无度夸大

管理从来不是万能的，不可夸大管理的作用。很多企业家以为学了两年的MBA（工商管理硕士），懂了几种管理理论，知道几个管理观点，就可以把企业搞好。这个世界上没有任何一种管理方法是万能的，一旦掌握它就可以让企业发展壮大、基业长青。正确看待管理的效用，而不是完全寄希望于它，很多时候还要结合企业自身的发展来看。

2. 不要盲目跟风

当下的企业界，很喜欢跟风，似乎不如此就不是与时俱进，不如此就不懂管理，不如此就不是企业家，所以我们常常听到要向某某优秀企业学习，全国学，全民学。

不管是不是同样的行业，不管是不是在同样的地区，都争先恐后去参观、学习。向优秀者学习当然是好事，但企业的经营也并非一学就灵，如果盲目跟风，毫无针对性地学，甚至把这种做法推向极致，就会耗费没必要的人力和财力。

3. 知道更要做到

理论和实践总是有一段差距的。对于管理理论，学当然比不学强，知道比不知道强，但关键还是领会其精神实质，把它用到工作中并做到实处，如此才有意义，才会产生效果。比如海尔集团一直以来是大家竞相学习的标杆企业，其实它的成功经验很简单，大家也都知道，从海尔定律到星级服务，从质量管理到流程再造，从"真诚到永远"的客户理念到"不厌其烦地做好每一个细节"的企业精神，这些大家都耳熟能详甚至倒背如流，但放到自己的企业，又有几个真正做到了呢？可见，管理不但要知道，更要做到。

4. 应用更要适用

不但要应用，关键要适用。学习管理要有自身特色。这里指的特色不是说刻意追求与众不同，而是要适合企业自身的实际和发展状况。管理理论是从实践中总结出来的具有普遍意义的管理规律，有其通用性和共性。然而具体到每一家企业，行业不同，地域不同，时代不同，企业所面临的经营环境也不同，一定要具体问题具体分析，不可照抄照搬，否则就会落得东施效颦的结果。不但要应用，更要适用。

新的时代，呼唤和需要新的管理精神。我们这个时代是数字化和智能化的时代，因此我们要响应时代，去追求更精确、过程更可控的管理方法，如同本书强调的以系统思想管理企业，以手机模式做好营销，这样才能让企业走得更远、更持久。

不管哪种管理模式多么有道理，也不管它曾经帮助过多少企业走向卓越，它都不是万能的，过度相信是管理者最易犯的错误之一。其实，管理学更像是一门哲学，所有人都知道什么是好的管理，比如更有远见，要会坚持，要讲诚信……但问题的关键是，只有很少的那些人才能真正做到。归根到底，管理学是一场与人性弱点的持续战，不是说只要掌握其中某种管理理论、模式或工具，就能让这些弱点消失。包括我们谈到的"营销CPU核动力系统"，也是学习西方管理思想结合国内企业实情综合而来的，也不是唯一性的，在新常态下我们都需要挑战瓶颈走突破之路，不断探索与创新。

管理的关键在于通过整合企业所掌控的资源，实现企业价值的最大化。不管你采取哪种管理模式，关键是要符合企业的实际情况，适合企业自身状况和发展要求，让系统有针对性，否则这套管理系统就失去了存在的意义。

产品与服务永远是最根本的

2013年移动互联网异军突起，2014年如火如荼，互联网发展进入新的里程。移动互联网时代的重要特征就是去中心化、组织小微化、零距离、全接触，根本改变了企业和用户之间的信息不对称，开放、互动、即时的互联网环境，倒逼企业必须真正做到以营销为动力、以用户为中心、以产品为根本，才能赢得市场。

也就是说，我们前面虽然强调营销CPU核动力系统的作用，但是并不是说就可以忽略产品和服务的作用，我们同样需要通过信息资源的即时共享来进一步完善服务和产品。因为无论在什么时代，包括在移动互联网时代，产品与服务都是最根本的。用户将成为体验的主导者，把握用户的需求就能做好移动互联网时代的服务。

有优势、有特色的产品和服务，无论形势怎么变化都会有一席之地。任何产品都需要借助渠道来销售，而渠道有多样性，产品和服务则是固定的。电商兴起之前，由于物流不发达，渠道存在很大的信息不对称性，很多占据渠道的企业都赚了不少钱。由于信息和物流的普及，电商的兴起，消费者理念的转变，凸显了网络渠道的重要性，体现在各电商平台日益强大，实体渠道销量严重下降。但是现在电商平台里产品非常多，大家都来电商平台开店，导致僧多粥少，价格战异常惨烈，商家们苦不堪言。

好的产品和服务已经成为黏住用户的核心利器，由此带来的用户体验及口碑传播则会直接凸显出企业的商业价值。

在互联网时代，必须把产品和服务做到极致，把用户体验做到极致，超越用户的预期。因为在互联网时代，只有做到极致，才能真正赢得消费者，赢得人心。

360公司董事长周鸿祎曾举了一个生动的例子：假如有人请我吃饭，我打开一瓶矿泉水，喝完之后，它确实是矿泉水，这叫体验吗？这不叫体验，更谈不上是超出预期的体验。只有把一个东西做到极致，才能产生超出预期的体验。比如有人递过来一瓶矿泉水，我一喝里面是52度的茅台——这就超出了我的体验。

只有重视体验，产品和服务的品质才能深入人心，才能真正地让用户产生情感上的认同，才能产生口碑的传播，企业才能被更多的人熟悉和认可。

互联网思维的核心之一就是不断优化产品和服务，而产品和服务的目标就是尽可能带给用户更多的价值，满足用户更多的需求，为用户提供一种全新的、从未意识到的需要。总之，互联网思维就是尽可能地"让用户尖叫"。

只有做"让用户尖叫"的产品和服务，才能带给用户更多优质的体验；只有让用户感觉到物超所值，产生一种生活就要发生巨大转变的感觉，才能取得用户的认可，激发他们的购买欲。所以，互联网思维就是最大限度地满足用户需求，为他们提供便捷的服务，只要他们满意了，产品和服务就有了市场。

那么，如何打造极致的产品和服务，让用户尖叫呢？

1. 找准用户需求

用户的需求简单来有"三点"：痛点、痒点和兴奋点。痛点就是用户着急而且必须解决的问题；痒点就是用户在生活感觉别扭的地方，希望有人帮助挠痒痒；兴奋点就是能给用户带来刺激，产生持久购买力的行为。在体验至上的互联网时代，企业的产品和服务只有抓住用户的需求，产品和服务才会有广阔的市场。如今，用户的需求每天都在不断增长，这就对企业产品和服务的研发和更新提出了更加苛刻和细致的要求。因此，企业在做一个产品和服务之前，务必要想清楚这个产品和服务解决的问题是否是用户的刚需，是否能帮用户挠痒痒，是否能给用户带来刺激。如果不能，企业就要果断地变换跑道、改变方向。

2. 在产品上变花样

用户有了相应的需求，才会去购买产品或服务，但是购买了不代表就会对这个企业的品牌产生持久的信任和忠诚。因此，企业在保证产品或服务质量的同时，还要经常制造惊喜，给用户带来新鲜感，让品牌在他们心中固化。比如，在商品中给用户附赠一件免费的好"玩"的饰品或者赠送一项个性化的贴心服务，就会让用户感到惊喜，这时他们内心深处就会慢慢地对这个品牌产生好的印象，从而继续购买这个品牌的产品或服务，甚至可能推荐给他身边的人。

3. 加入情感投资

或许你的产品或服务吸引力够强，销量也不错，但是如何更进一步呢？一个比较好的办法就是附加上人文关怀，融进情感，这样用户绝对会在瞬间被彻底感动。情感营销在互联网时代是非常重要的营销方式，因为如今的用户真正需要的不是产品本身，而是这个产品能够带来的感受。比如，用户为纪念某事定制了一件T恤衫，既能用来穿，又能在穿上的时候回忆一段往事，那么这件T恤衫就变得有意义甚至弥足珍贵了。因此，如果能在情感上下足工夫，给用户制造超出预期的惊喜体验，就能够获得用户的信任和持续喜爱。

4. 颠覆式创新

随着移动电子商务时代的到来，传统产业面临着电子商务的冲击，不断遭到颠覆。其实，电子商务精神的实质在于持续、极致的创新。当下倡导最多的"颠覆式创新"，强调的就是打破原有的平衡，建立新秩序。它就像自然界的优胜劣汰或身体的新陈代谢一样，不断把老的、旧的公司从行业中挤出去。因此，对于传统企业来说，只有打破传统的思维定式，才能享受带来颠覆式创新带来的成果。当然，颠覆式创新的前提是不能突破法律和道德的底线。

服务无大小，细节往往最能打动人，创新也无须绞尽脑汁。我们举海底捞的例子。当客人到店里时，如果需要等位，服务员会热情地招呼说："请您稍等！"接着，立即引导客人到等候区，送上西瓜、橙子、苹果等水果，还有花生、炸虾片、水果粥等各式小吃和各种饮料，以上这些也都是无限量免费提供的。如果是一群朋友在等待，服务员还会拿出扑克牌和跳棋供客人们打发时间，以减轻客户等待期间的焦躁心情。而在门口的等候区，则有四五位服务员为排队的客人提供擦皮鞋和美甲等服务。相对于其他饭店来说，这是一种惊喜，给顾客一种超出预期的体验。

再举顺丰快递公司的例子来说明服务的重要性。说到顺丰，大家都会想到一个字，那就是"快"。的确，顺丰主打的是"快"的招牌，在国内大型快递企业中，顺丰的速度一直令其他快递企业望尘莫及。"快"的服务已经成为品牌的核心竞争力，在当今这个信息化时代，只有在速度上超越其他同行，才可能赢来更好的发展机遇。顺丰的价格虽然高一些，但顺丰的速度快、货物安全、服务好这也是大家公认的。所以，顺丰拥有大量客户，发展迅速。再看敬业，当你要寄快递时，一个电话打过去，顺丰的快递员会在第一时间内赶到接收快递，为你做出一流的服务。不得不说，顺丰的发展壮大与员工的敬业精神是分不开的。

移动互联网时代，企业应该重视营销，但绝对不能忽略产品和服务，相反，只有在做好产品和服务的基础上，才能谈营销、做营销。做企业、做产品，一定要遵循为客户创造价值的原则。产品应该从解决用户痛点或满足需求入手，由需求人群倒推产品，而不是先生产产品再去找用户。除了具备上述好产品的特征外，还需要在新媒体上及时和用户沟通，及时公关，吸收采纳优秀意见，以便改进和升级产品，引导用户多次分享传播，形成营销的闭环。

风险管理系统为你保驾护航

企业成功的原因可能有很多种，但是企业倒闭的因素几乎千篇一律：资金链断裂。

一个企业销售的成功并不代表经营的成功，成功的经营是将商品转变为现金，而不是将商品转变为债权；没有回款的销售给企业创造的不是利润，而是债权；债权在手也并不一定代表胜券在握，一旦应收账款成为呆坏账，就会给企业经营带来风险。现金为王是新常态下传统企业发展中不能缺失的重要一环，企业间的三角债风险日趋严重，风险管控也意味着是营销系统里的一道防火墙。

因此，拥有一套科学的风险管理系统，可以为企业的正常运转保驾护航。

1. 应收账款管理

企业之间的竞争日益激烈，如何做到安全、有效地管理应收账款是企业在发展过程中不得不重视的一个问题。因此，在与客户签订合同时，一定要注意以下事项，避免日后处理应收账款时与客户产生异议或矛盾而带来的风险：明确各项交易条件，如价格、付款方式、付款日期、运输方式等；明确双方的权利和违约责任；确定合同的有效期，合同期限到后可以视情况再行签订；加盖双方企业合同专用章，不可有个体行为的私章或签字；财务人员要养成定期对账的习惯并成为制度坚决执行，比如可以每隔一个季度或半年同客户核对一次账目。

2. 合同管理

在契约社会乃至如今法治被提到国家战略层面的当下，合同管理无疑直接关系到企业开展业务的顺利与否，甚至会影响到企业的正常经营与长远发展。因此，企业规模不管是大还是小，都要做合同管理；领导者不管有多忙，都要做合同管理。同时，一定要设定并给出等待合同审批的足够时间和空间，千万不可因为烦琐而忽略。否则，在企业管理中就容易出现很多漏洞，给企业经营埋下隐患。

有这么一个案例：某健身器材生产企业与某贸易公司谈好了了一个产品的买卖意向。贸易公司表示十分着急要货，而且推说公司的公章正在办理别的事项，建议先发货后补合同，而且贸易公司还主动提出订约后预付货款的30%。考虑到此前企业与贸易公司签订的几次供货合同，在货到后贸易公司都能按时支付款项，因此，健身器材生产企业认为这家贸易公司信誉可靠，于是在收到贸易公司的30%预付款后，就按约定的发货，没想到此后其余货款一直没来。经过了解才知道，那些健身器材到达目的地就被贸易公司低价抛售，而且这家贸易公司已被注销了，相关人员也都找不着了。原来，这是一起精心策划的骗局。

西方有一句谚语："财富的一半来自合同。"确实，合同是企业从事经济活动取得经济效益的桥梁和纽带，同时也是产生纠纷的根源所在。堵住合同管理漏洞的关键在于，运用法律手段，健全企业合同管理制度，把握好合同各环节的要害，利用科学规范的管理手段把合同的风险降到最低，从而维护企业的自身合法权益，促使企业的发展处于安全运行的轨道中。

3. 库存管理

在全球经济一体化影响下，企业之间竞争不断加剧，并逐渐由同行业单个企业间的竞争演变为由一系列上下游合作伙伴企业构成的供应链之间的竞争。而库存管理作为企业经营管理供应链中重要的组成部分，就显得更为重要，因为库存不仅会影响企业某个节点的成本，也会制约供应链的综合成本、整体性能和竞争优势。

因此，做好科学的库存控制和订货管理是企业优化库存管理的关键。不同品种的安全库存量、订货点、进货量、进货周期等指标如果能得到合理设置，产品结构就能得到优化，就能走出"多"与"不足"的困境，也能把有限的库存资金和资源重点配置转移到最能带来效益的商品品种上面来。

总之，风险管理系统的核心是防范，通过防范风险将问题消灭在萌芽状态，从而帮助企业规避风险，避免损失。这里有三个问题，一是如何发现问题，二是风险或问题的种类有多少，三是风险或问题的苗头或征兆是什么。解决了这三个问题，就可以说我们进行了有效的风险管理。

面对纷繁芜杂的状况，我们如何发现可能会出现的风险呢？这些风险是隐藏在大量事务中的，分散在各方面，无法统一管理，因而要想及时准确地发现问题，就要建立一套信息管理系统，将杂乱的信息有效地管理起来，通过研究这些信息发现问题所在。

图3-22 通过信息管理系统能够发现企业风险

如果一个企业没有一套完整的风险管理系统，"发现问题"是难以实现的。因此，管理者需要强化如下意识：没有一个企业完美到没有引发问题的瑕疵，不要等着问题出现后才想着去管理、去规范，而应该在管理机制上做到提前预防，给自己一双更明亮的眼睛。

目前很多企业都建立了计算机财务管理系统或产销存管理系统，甚至一些企业已经在使用系统软件，如此一来，系统就能够兼容各种数据，使风险防范的反应速度更快，准确性更高，为消除各种风险赢得了宝贵的时间。

道、法、术、器、势，一个都少不了

中国几千年的传统文化中蕴藏着现代企业管理者们受用不尽的智慧。最典型的就是五个层面——道、法、术、器、势。

道：道理、规律；

法：法律、制度；

术：权术、手段；

器：器具、工具；

势：形势、趋势。

如果把这五个字蕴含的传统统治思想与现代企业管理相结合，那么，可以分别对应为：

道：企业愿景，价值观；

法：企业的规章制度；

术：企业管理的方法和技巧；

器：企业管理的工具；

势：时代潮流，社会形势。

可以说，"道、法、术、器、势"这五个字体现了非常完整的管理思想。它们是管理系统的五大组成部分，如同一座大厦的五块基石。同时，它们又不是独立的，而是互相交叉、相互融合、相互支撑。

道以明向，法以立本，术以立策，器以成事，势以立人。

现代管理理论认为，管理其实就是两件事：一、做正确的事，二、把事情做正确。"道"回答的就是"什么是正确的事"，"法、术、器、势"则告诉管理者如何把事情做正确。

那么，企业应该怎么做呢？企业的领导者越来越多地要面对一个重要的挑战——"做什么"。这个挑战涉及方方面面：终端市场、客户和竞争对手的价值观和行为、开发产品的技术及行业动态、企业的优势和劣势、企业如何赢利……但不管如何，这些问题其实都是管理大师德鲁克所说的"经营之道"。

德鲁克认为，每个组织必得有一个"经营之道"，包括三个部分：首先是关于组织所处环境的设想，其次是关于组织特定使命的设想，最后是关于完成组织的使命所必需的核心竞争力的设想。其中，关于环境的设想决定了一个组织的赚钱方式，关于使命的设想决定了组织希望为之奋斗的有意义的结果，关于核心竞争力的设想决定了组织必须精通、擅长的本领。

当然，这个"经营之道"不是一成不变的，它要经过反复的检验和修正，以便适应不断变化的外部环境，适应企业发展的需要。一套行之有效的经营管理体系应该符合四个要求：第一，关于环境、使命和核心竞争力的设想符合客观现实；第二，关于环境、使命和核心竞争力三方面的设想相互契合；第三，经营管理体系为企业中的所有成员所理解；第四，经营管理体系得到不断的检验。

一个企业的经营管理体系有道无法、有术无器或有术无道，都不能成为完善的体系。

企业家们在学习管理理论并实践应用的时候，要用系统的思维来考虑，方方面面都要顾及到，既要有理论基础、法则制度，又要有方法步骤，还要有工具，能够实实在在地解决问题，为企业创造更多的价值。

本书之所以在结尾时强调这一点，就是为了让企业家们保持全面的思维、理智的心态，不要有失偏颇，一定要运用系统的思维来思考问题、解决问题。

移动互联网时代里，各种信息大爆炸，新的观念、新的方法、新的思维层出不穷，让人眼花缭乱，但是某个管理理论或某个管理工具再怎么完美，也无法解决企业在发展和转型中遇到的所有问题。最明智的做法是，道、法、术、器、势，五个层面都有所兼顾，如此才能产生合力，驱动企业向前发展。